La Compagnie Française des Etablissements **Gaston, Williams & Wigmore**
après une étude minutieuse, a choisi la présente Méthode estimant que c'est la
mieux comprise pour répondre au but qu'elle veut atteindre en permettant aux
Elèves de devenir dans le minimum de temps et d'efforts des Dactylographes de
premier ordre et de véritables experts à la Machine à Ecrire.

Cette Méthode est entièrement composée d'exercices disposés de telle façon
que l'habileté naturelle des index amène petit à petit et inconsciemment les autres
doigts à avoir la même souplesse et l'indépendance nécessaires, l'égalité de frappes
et l'utilisation de tous les doigts.

La Compagnie Française des Etablissements **Gaston, Williams & Wigmore**
est persuadée qu'avec l'étude consciencieuse de cette Méthode de Doigté, les Elèves
sauront tout ce qu'un bon Dactylographe peut produire avec la Machine à Ecrire
et deviendront aptes à trouver des situations en rapport avec leurs facultés indi-
viduelles.

G. W. W.

MÉTHODE FRANÇAISE DE DOIGTÉ

POUR

la Machine à Écrire "ROYAL"

par A. TOUZEAU

PREMIÈRE PARTIE

Instructions Générales

La lecture et l'écriture devant être simultanées, une fois les doigts en position sur les touches **q s d f** et **j k l m**, détournez les yeux du clavier et tenez-les constamment fixés sur votre copie.

Laissez reposer les doigts légèrement sur **q s d f** et **j k l m,** touches de la **deuxième rangée horizontale** et les deux pouces sur la barre d'espacement.

Prononcez mentalement les lettres composant les mots et pensez aux doigts que vous devez mouvoir. Ne jamais lever les doigts pour regarder sur quelles lettres ils se trouvent placés, si vous ne vous rappelez pas de celles-ci, consultez l'indication placée au commencement de chaque leçon, ou le tableau indiquant les lettres que doit contrôler chaque doigt.

Pour imprimer chaque lettre, donnez un coup sec, juste suffisant pour obtenir une bonne impression, puis relevez vivement le doigt en lui faisant reprendre la position du repos.

La frappe doit venir de **l'articulation des doigts** et non **du poignet.** Elle doit toujours être égale et jamais par acoups.

Lorsque vous ramenez le chariot vers la droite avec la **main gauche** laissez la **main droite** sur les lettres **j k l m.**

L'élève ne doit faire **que ce qui est indiqué** à chaque leçon de cette méthode. Il doit avoir la volonté de suivre **à la lettre toutes les indications** mises en tête de chaque exercice. Il obtiendra ainsi une sûreté de doigté qui lui permettra de donner toujours des copies parfaites, exemptes de ratures et de trace de gommage.

En actionnant le doigt, il faut épeler mentalement la lettre à abaisser, de façon à pouvoir la trouver sans hésitation par la suite avec le doigt qui doit la frapper.

Dès le premier exercice, il faut taper régulièrement, de façon que le bruit des frappes et de l'espacement soit régulier comme le tic-tac d'une horloge.

Les mains doivent se trouver bien au-dessus du clavier, pour que les doigts s'abaissent verticalement, donnant ainsi une frappe juste et nette.

En principe, le clavier doit se trouver à hauteur des coudes, le buste bien droit sur la chaise, la tête constamment tournée à gauche vers le pupitre. On évitera ainsi les mouvements de tête et quelquefois de corps, allant de la copie au clavier et produisant un énervement intense.

Pour l'instant, l'élève n'a besoin de connaître comme mécanisme de la machine, que **l'introduction du papier, la barre d'espacement, et le retour à la ligne.**

Le margeur de gauche (commencement de la ligne d'écriture) doit être à la division 15 et celui de droite (fin de la ligne) à 78. Pour les exercices de la première leçon, l'élève ira à la ligne dès qu'il entendra la sonnette.

NE PAS ECRIRE AUTRE CHOSE QUE LES EXERCICES DONNES COMME MODELE.

DEUXIÈME PARTIE

Première Leçon

Etude de la **deuxième rangée** du clavier.

q	s	d	f	g		h	j	k	l	m
4	3	2	1	1		1	1	2	3	4

Pour plus de facilité de compréhension, les doigts de chaque main sont désignés ainsi :

1 index
2 majeur
3 annulaire
4 auriculaire (petit doigt)

Après chaque groupe de lettres, **appuyer le pouce** de la main qui n'a pas fait la dernière frappe, sur la barre d'espacement.

Ex. : pour l'exercice qui suit, faire l'espace avec le pouce **droit.**

Les exercices suivants sont destinés à assouplir les doigts pour les rendre indépendants les uns des autres.

Ce travail est un peu énervant au début, aussi l'élève ne devra-t-il taper que pendant une heure de suite; l'étude paraîtra ainsi moins ardue.

PREMIER EXERCICE

Les doigts étant placés comme indiqué ci-dessus sur les lettres **q s d f** et **j k l m,** abaissez la touche **j** avec l'index droit, d'abord lentement, puis en accélérant **sans que les autres doigts quittent les lettres sur lesquelles ils reposent.**

Faire de même avec l'index de la main gauche sur la lettre « f » puis alternativement avec les deux index jusqu'à ce que l'élève ait obtenu une dizaine de lignes de **j f** absolument sans erreur, les mêmes lettres et espaces devant toujours se trouver à la même place, les uns au-dessous des autres, comme le modèle.

f	j
1	1

jf jf jf jf jf jf jf jf jf jf jf jf jf jf jf jf jf jf jf jf
jf jf jf jf jf jf jf jf jf jf jf jf jf jf jf jf jf jf jf jf
jf jf jf jf jf jf jf jf jf jf jf jf jf jf jf jf jf jf jf jf

DEUXIEME EXERCICE

Avec les 1ᵉʳ et 2ᵉ doigts de chaque main, abaissez les lettres :

	d	f		j	k
	2	1		1	2

```
jfkd jfkd jfkd jfkd jfkd jfkd jfkd jfkd jfkd jfkd jfkd jfkd
jfkd jfkd jfkd jfkd jfkd jfkd jfkd jfkd jfkd jfkd jfkd jfkd
jfkd jfkd jfkd jfkd jfkd jfkd jfkd jfkd jfkd jfkd jfkd jfkd
```

TROISIEME EXERCICE

Avec les 1ᵉʳ, 2ᵉ et 3ᵉ doigts de chaque main, abaissez les lettres :

	s	d	f		j	k	l
	3	2	1		1	2	3

```
jfkdls jfkdls jfkdls jfkdls jfkdls jfkdls jfkdls jfkdls jfkdls
jfkdls jfkdls jfkdls jfkdls jfkdls jfkdls jfkdls jfkdls jfkdls
jfkdls jfkdls jfkdls jfkdls jfkdls jfkdls jfkdls jfkdls jfkdls
```

QUATRIEME EXERCICE

Avec les 4 doigts de chaque main abaissez les lettres :

	q	s	d	f		j	k	l	m
	4	3	2	1		1	2	3	4

```
jfkdlsmq jfkdlsmq jfkdlsmq jfkdlsmq jfkdlsmq jfkdlsmq jfkdlsmq
jfkdlsmq jfkdlsmq jfkdlsmq jfkdlsmq jfkdlsmq jfkdlsmq jfkdlsmq
jfkdlsmq jfkdlsmq jfkdlsmq jfkdlsmq jfkdlsmq jfkdlsmq jfkdlsmq
```

CINQUIEME EXERCICE

Allongez l'index de chaque main pour abaisser les lettres **g h** sans que les autres doigts quittent les lettres indiquées.

	q	s	d	f	g		h	j	k	l	m
	4	3	2	1	1		1	1	2	3	4

```
hgjfkdlsmq hgjfkdlsmq hgjfkdlsmq hgjfkdlsmq hgjfkdlsmq hgjfkdlsmq
hgjfkdlsmq hgjfkdlsmq hgjfkdlsmq hgjfkdlsmq hgjfkdlsmq hgjfkdlsmq
hgjfkdlsmq hgjfkdlsmq hgjfkdlsmq hgjfkdlsmq hgjfkdlsmq hgjfkdlsmq
```

Deuxième Leçon

Etude de la troisième rangée.

a	z	e	r	t		y	u	i	o	p
4	3	2	1	1		1	1	2	3	4

Les doigts étant placés comme dans la leçon précédente, allonger les premiers doigts de chaque main jusqu'à ce qu'ils atteignent les lettres. **r t y u**
puis les deuxièmes, pour atteindre les lettres .... **e i**
puis les troisièmes, pour atteindre les lettres .... **z o**
puis les quatrièmes, pour atteindre les lettres .... **a p**

Toujours relire les observations ou indications placées au commencement de la méthode et de chaque leçon.

L'élève doit faire quelques lignes de chacun des exercices précédents chaque fois qu'il se remet à la machine après une interruption de quelques heures.

Pendant qu'un doigt se déplace pour abaisser la touche désirée, les autres doigts restent sur les touches de base.

N.-B. — Faire **une page** de chacun des exercices de la page suivante.

PREMIER EXERCICE

			t			y				
q	s	d	f	g		h	j	k	l	m
4	3	2	1	1		1	1	2	3	4

Abaisser les lettres **t y** avec le premier doigt de chaque main.

```
ythgjfkdlsmq  ythgjfkdlsmq  ythgjfkdlsmq  ythgjfkdlsmq  ythgjfkdlsmq
ythgjfkdlsmq  ythgjfkdlsmq  ythgjfkdlsmq  ythgjfkdlsmq  ythgjfkdlsmq
ythgjfkdlsmq  ythgjfkdlsmq  ythgjfkdlsmq  ythgjfkdlsmq  ythgjfkdlsmq
```

DEUXIÈME EXERCICE

			r	t		y	u			
q	s	d	f	g		h	j	k	l	m
4	3	2	1	1		1	1	2	3	4

Abaisser les lettres **r t y u** avec le premier doigt de chaque main.

```
yturhgjfkdlsmq  yturhgjfkdlsmq  yturhgjfkdlsmq  yturhgjfkdlsmq
yturhgjfkdlsmq  yturhgjfkdlsmq  yturhgjfkdlsmq  yturhgjfkdlsmq
yturhgjfkdlsmq  yturhgjfkdlsmq  yturhgjfkdlsmq  yturhgjfkdlsmq
```

TROISIÈME EXERCICE

			e	r	t		y	u	i			
q	s	d	f	g			h	j	k	l	m	
4	3	2	1	1			1	1	2	3	4	

Abaisser les lettres **e i** avec le deuxième doigt de chaque main.

```
yturhgjfiekdlsmq  yturhgjfiekdlsmq  yturhgjfiekdlsmq  yturhgjfiekdlsmq
yturhgjfiekdlsmq  yturhgjfiekdlsmq  yturhgjfiekdlsmq  yturhgjfiekdlsmq
yturhgjfiekdlsmq  yturhgjfiekdlsmq  yturhgjfiekdlsmq  yturhgjfiekdlsmq
```

Troisième Leçon

Cette leçon comporte la formation de mots composés avec les seules frappes déjà étudiées.

Aller doucement, mais frapper juste et régulièrement.

Reproduire textuellement et **ligne par ligne** cet exercice et tous ceux qui suivent.

Toujours fair un espace après chaque mot.

Il est facile à l'élève de se rendre compte lui-même s'il a reproduit exactement le modèle, en vérifiant si sa ligne finit comme celle de l'exercice.

Manœuvrer deux fois le levier d'interligne entre deux paragraphes, de façon à bien les diviser.

EXERCICE

```
hydrure hydrique hydre hutte hutter hure hurle hurler huit
huile huilier huileuse huiler huis huissier huisserie hue huette
huer hum humus humide humilier humeur humer hirsute hile hister
hisse hisser heur heurter heureuse heures heuse herse hem

gutte gui guide guider guillerie guilleret guillerette guillemet
guise guet guetteur guetter gueule gueuse gueuserie guerre grue
guerrier gruger grugeur grugeuse gruyer grume grumeuse gromeler
griffu griffue griffe griffer grief grille griller gris griset
grisette griser grime grimer greffier greffe greffer gigue gifle
gifler gilet giletier gel geler geste gemmeur gemmule gemme
glu gluer glui glume glumelle glisse glisseur glisser

thym tutti tutelle tuffiste turf turlututu turquet tuile tuilier
tuilerie tue tuer tuerie tumultueuse tumulte tumulus truffe
truite truelle trust truquer tri trigle triturer trieur trier
trilithe trille triller triste tristesse trismus trime trimeur
trimer trimestre trimestriel trimestrielle trique triquer treuil
treille tresse tresser tige tigre tigresse titus titre titi tir
```

tiret tirette tireur tirer tilde tille tilleul tissu tisseur
tisser tissé timide te teugue terrifier terrier terre terreur
terrer terrestre terme tel telle tes test testif tester

juge juger juguler jute juteuse juter jury juridique jure jureur
jurer juif jus justifier justifie juste justesse jumeler jusque
jumelles je jet jette jeteur jeteuse jette jeu jeudi jersey

fugitif futur futile furtif furie furieuse furet fureter fureur
fuite fuir fusil fusiller fuser fuseler fumiste fumisterie fumet
fumeuse fumer fruitier fruiterie fruits friture fritte frittes
frire frileuse frisure frise friser frime fret frette freluquet
fressure fresque fi figure figurer figue figer fifre fief fier
fiel fielleuse fil filtre filtrer filure file fileter fileuse
filet filerie filleul filleule fillettes filles fils fistule
fertile fertiliser ferreur ferrer ferler fermier ferme fermeture
femelle femme femmelette fluet fluette fluer fluide flirt
flirter flegme fleur fleurir fleuriste fleuret fleurette

ut utiliser utile urique ultime ulster ulmique us usufruitier
usufruit usurier usure usuelle usuel usite use user

rhum rhume rythmique rythme rugueuse rugir rugis rut rutile
rutiler rude rudesse ruisseler ruisselle rue rueur ruer rustre
rustique ruse ruseur ruser russifier russe rigueur rigide rit
rituelle rire rite ride ridelle rieur rillettes ris risette
risque rime rimeur rimer regret regretter registre retire retirer
rejet rejeter refuge refuse refuter refus refuser refriser
refermer refluer reflet refleurir redresse redresser redite
redire reluire reluquer relire relit relief restituer restitue
relier resserre resserrer remueur remuer remis remise remiser

dystique dysurie dysurique du dur duret durette durer duire
duettiste duel duelliste duquel dru drue druide druidesse
drille dresse dresseur dresser di digue digestif digeste dit
dite diffus diffuser dirige diriger dis distille distiller
distillerie disette de dey des destituer dessus dissiller
dessert disque diseur disert diserte dissimule dissimuler
disserter dessertir desserte desquels demi demeure demeurer

if item irriter iridium iris iriser idylle ides idie idem il
illustre ils imite imiter immusif immerger ique

et effriture effigie effiler effet effeuillure effeuiller erre
effleurer erreur errer erse erser eur eure elles est estime
ester essuyeur essuyer essuie essieu esse esquif esquisse

lyrisme lyrique lyre luth luthier lutte lutteur lutter lurette
luette lueur lui lustre lustrer ligue ligueuse ligule litre
liturgie litige lire lieu lieur lieuse lier lierre lis liste
lise liseuse lisette lisse limiter limier lime limeuse limer
liquide liquider liqueur legs lettre leu leurre les lest leste
lesteur lesquels lesquelles lemme

styliste stylisme style styler striller striquer suture suturer
sujet sujette suffit suffire suffise sulfurique sulfure sulfite
sulfureuse summum ski skieur skier si sigle situer site sifilet
siffle siffleur sieur sieste sil siller sise sistre sismique

mythe myrtille myrte mystique muguet mugir mufle mutuelle mutuel
mutiler mutisme mur mure murer murmure murmurer muet muette
muid multi mulet muse musif musette muser museler muqueuse
mil milieu milli millier mille millet millilitre mis mistigri
mise miser miss mimi mimique mime mimeuse mimer

qui quitter quitus quiet quille quillette queue querelle quel
quelle quelque questure questeur

RÉCAPITULATION

Pour plus de clarté faire deux espaces après chaque phrase

le jury les juges et les huissiers les jumelles du greffier
se grimer le greffier et le juge le mur est humide les huttes
le fils du russe est fier et leste le fruit est sur le dessus
le serrurier et le sellier le lutteur est timide ferre le
mulet le russe retire ses effets les fils et les filles du
serrurier le rimeur est triste le miel est utile les ruses
du russe les ruses des meurtriers le serrurier retire les
limes il est fier de ses fils le liquide est fluide le lit
est dur le fil de fer est dur le merle est gris le geste du
fermier le guide est guilleret le guerrier tire sur le tigre
et le tue il tire sur lui et le tue le tir du guide est
juste le mulet elle justifie ses dires le flirt des filles
du fleuriste je jette tes effets sur le lit le fugitif glisse
et se tue le guide glisse et se tue le lit de milieu les
fermetures des huisseries il est utile de tirer juste le rire
des fillettes les dettes du fermier le lutteur se grise
le guide risque de se tuer le fils du juge se fleurit de
muguet le furet se retire sur les tilleuls il justifie les
querelles les jumelles du juif je tire sur le tigre et le tue
les huttes des fermiers les fillettes frileuses et fluettes
il jette ses effets sur le lit le serrurier fit les serrures
je justifie mes dires les petites filles du sellier le fils
du lutteur est fluet il imite le geste du lutteur les filles
du fermier

Quatrième Leçon

	z	e	r	t		y	u	i	o	
q	s	d	f	g		h	j	k	l	m
4	3	2	1	1		1	1	2	3	4

Faire quelques lignes de **o z** en abaissant seulement ces deux lettres, afin que les troisièmes doigts s'habituent à être indépendants des **autres** doigts et surtout, veiller à ce que les doigts qui ne travaillent pas restent sur les touches indiquées précédemment.

Exemple :

oz oz oz oz oz oz oz oz oz oz oz oz oz oz oz oz oz oz oz oz oz
oz oz oz oz oz oz oz oz oz oz oz oz oz oz oz oz oz oz oz oz oz

zo zo zo zo zo zo zo zo zo zo zo zo zo zo zo zo zo zo zo zo zo
zo zo zo zo zo zo zo zo zo zo zo zo zo zo zo zo zo zo zo zo zo

EXERCICE

hydro hydrofuge hydrologue hydromel hydrologie hulot humoriste
historique historiette histoire histologie histologique hotte
horde horloge horlogerie hors hormis hoire hoirie hostile homme
homologuer homo hou hougue houille hourdisse hourde houri houlque
houlette houleuse houe houette houeur houle house housse houssoir

guilledou guillemet guillemot guerroyer grigou griotte grisou
grisouteuse griot griotte grelot grotte grotesque groult grolle
groseille grossit grossier grosseur grossoyer groom grommeler
gigot gigoter girofle giroflier girouette gorgerette gorge
gorger gord gorille godillot godet goder goret golfe gosier
gosse gomme gouge gouger goutte goutteuse gourd gourde gourme
gourmet gourmette goulet goulot goumier gousse gousset glisse
glissoire glouglou glouglouter glotte glottique glorifier
gloriette glorieuse gloriole glose glosseur glossologie

thorium thomide tutoyer triflorium triforium triez trilogie
triolet treize trot trotteuse trottez trottoir trou trousse trois
trolley troque tiroir tissez territoire toge tout toutes toutou
toujours touffe tour tourte tourterelle touriste tourisme tour
tourelle tours touer touerie tous tousser torture torturez tort
tortue tortueuse tortille torride tordre torse torque toi toilier
toile toilette toilerie toise toiser tome

juguler jugez jurez jogeotte joyeuse joug joute jouter jouteur
joujou jour jouir jouissez joue jouet jouer jouez joie jolie
joli joliet joliette joliesse

fuyez furioso fusiforme frisotter frimousse frotteur frotter
frousse froid froidir froideur froisser froque filet filez filou
filouterie fiord fioriture fiole ferrez festoyer fez fermez
fermoir fluorure flot flottille flotte flotteur flou flore foyer
fou fougue fougerolle four fourrure fourrier fourmi fouet foudre
fourmille foudroyer fouir fouet fouetter foule foulure foulerie
fouillis fouille for forge forger fort fortifier fortissimo
fortiori forte forteresse fortuite forum foret formule
formuler formique fors forme formel formol foi foire fois foie
fol folie foliot foliote folioter folle fosse fossette

rue rudoyer ruoltz rissole regros regorger retour retors rouge
retrousser refroidir refouler redouter redorer redormiez relie
ressort ressortir remuer remiser remous remords remorquer rot
remorquer roture roturier rotule rougir rouge rouget rougeur
rougeoyer rougeole route roui rouir rouille roue rouet rouer
rouelle roulis roulette rouler roulez rouloir roussir rousse
rousseur rode roder roi roitelet roide rose rosier rosse roquet

droguiste drogue droguerie droit droiture droitier drosse drome
dito dirigez disiez disloque disloquer dissoudre dissous dissolu
dissolutif dehors des dessous demoiselle dogue doge dot doter
douteuse douter douille douillette douleur douloureuse doume
doum dortoir dorure doris doreur dorer dorloter dormir
dormeur dodi doigt doigter doit dol dos dose dossier dosse dom

idiot idiotie idiome idole illogisme ilote immortelle ioder
immortel immodestie immoler iodure iode iodoforme isoler

effroi effort ergo ergoter ergoteuse essouffler essor essorer

luzette lithologie limiter loyer logis logiez logique loger
logette logeur loger logis lot lotus lotir loterie
loto loutre lourd lourde loue loueur louer louez lord loriot
lors lorsque loi loir loisir louer loque loquet loqueteuse

systile stoff stout store suffoquer surtout surseoir surmelot
suros suzette siffler siroter silhouette silo serfouir seoir
semis semer semoule semoir soffite sot sottise sotte souffrir
sou souffre souffle souffleur soutirer soute sourire souris
sourd sourde sourdre soudure soude sous soudoyer soulier souille
souiller soumis soumettre sort sortir sordide sodium sol solfier
solde solder solitude solide soliste sole soleil solliloque
somme sommeil sommet sommer sommes

offusquer offrir offriez offre offerte ou ouf outre outrer outil
outsider ourdir ourle ourlez ours oui ouistiti oued ouest or
orgue orgueil orgueileuse orgie orge orfroi ortie orteil ordre
orme odieuse odeur oi oie oille oisif oiselet oisellerie
os oser oseille osseuse osselet

mythologie myosotis mijoter miroiter miroiterie miroir mildieu
milord mimologie me meurtre meurtrier messidor moyeu mot motif
moteur mou mouture moufle mourriez moudre mouiller moue mouette
moule moulez mousseuse morgue mort mortier mortifier morte morue
motif mordre mors morsure morose moduler modifier modique mode
modeler modestie moelle moisissure molette molester mollusque
mollir mollet molosse momifier moquette moqueuse moquerie

quilloir quorus quoi quoique

kilo kilolitre kiosque

RECAPITULATION

Faire deux espaces après chaque phrase.

le domestique retire les grelots du mulet le sourd et le muet
le gosse est triste et modeste tu tresses tes filets de soie
le kiosque de musique le joli solo de musique toi et lui le
remords des meurtriers le droguiste lit toujours seul' le fou
est mort jeudi soir le groom est fort et fier il ou elle le
droguiste est sorti tout seul dites oui que je tire de suite
le jeudi est le jour du jeu les gosses le filet de soie
le meurtrier est fou restez toujours sur le dessus du mur qui
que tu sois dis moi oui le fils du droguiste est joli le tigre
est leste et fort les histoires des humoristes le goret se
roule sur le sol et heurte le trottoir forgez le fer le
domestique fit les lits des fillettes tu tousses toujours les
fils des domestiques le suisse dit de se retirer le tigre
les godillots du guerrier tu le tutoies les trois trotteuses
les jolies frimousses des trotteurs il fortifie les
forteresses le guide du touriste les rues tortueuses le four
est rouge les routes tortueuses dirigez les domestiques du
greffier les jolies demoiselles les demoiselles orgueilleuses
il glisse et heurte le trottoir le soliste le roitelet est
joli les horloges des tours le soliste joue fortissimo le
gosse grelotte toujours de froid le domestique retire les
ordures le gosse tutoie les demoiselles le logeur sourit
toujours lorsque je lui soumets les histoires humoristiques
le touriste souffre toujours de ses douleurs les trous du
trottoir les jolies toilettes des demoiselles les routes
toutes droites le meurtrier ose sortir le droguiste se
froisse lorsque je souris le soliste du kiosque de musique
le molosse est gros le modeleur est modeste le fourreur
est fier de ses fourrures le flotteur flotte toujours sur le
dessus les formules du droguiste les toitures des tourelles
tordez le fil de fer elle joue toute seule il est huit heures
treize tu grelottes de froid redorez les lotos des fillettes
du greffier

Cinquième Leçon

a	z	e	r	t		y	u	i	o	p
q	s	d	f	g		h	j	k	l	m
4	3	2	1	1		1	1	2	3	4

Faire quelques lignes de **a p** en abaissant seulement ces deux lettres avec le quatrième doigt de chaque main jusqu'à ce qu'ils soient bien indépendant des trois premiers, qui doivent rester à leur place respective.

ap ap ap ap ap ap ap ap ap ap ap ap ap ap ap ap ap ap ap ap ap
ap ap ap ap ap ap ap ap ap ap ap ap ap ap ap ap ap ap ap ap ap

pa pa pa pa pa pa pa pa pa pa pa pa pa pa pa pa pa pa pa pa pa
pa pa pa pa pa pa pa pa pa pa pa pa pa pa pa pa pa pa pa pa pa

EXERCICE

hydrophile hydrographe hydrate hypertrophie hyposulfite
huhau huilage hussard huppe hippophagique hippopotame
hoyau hourra houppe hommage homard hagard haut hauteur
hausse hardie hardiesse hardes haridelle harpie haras harpe hair
halte halle halali halographe halage hasard hasardeuse hameau

grippe gratte gratuit grade gardez grasseyer grasse grammaire
gramme graphite graphologie grappe geai gladiateur gluau gage
glossaire gagiste gaffe gaffeuse gauffrette gauffre gaudriole
gaule gaulois gausse gargotier gargotte gargouille gargousse
garde gargariser gargarisme garde garderie gardez garrot garroter
gare garer gai gaillard gastrite gastralgique gaspiller galipote
gallique gale galop galopper gaz gazier gaze gazette gazelle

tuyau tuyauterie tripotage tripaille trop trait traitiez traite
traiter traire trame trapu trappe tiare terrasse temps torsade
touraille toquade toast tzar taureau taudis taupe tarte tas
tasse tasser tasseur tamise tamiser tamarie

jugulaire jurassique judas jusquiam jumeau jupe jettature joie
joyau joaillerie jaguar jatte jauge jarre jarret jadis jaillir
jais jalouse jalousie jalage jas jase jaseur jappe japper

fuyard fuseau frugal fromage fromagerie frimaire frimas frayeur
frasque frappe filetage filial filature feuillard feuillage
feutrage flasque forfait forfaiture forfaire formulaire format
fourrage fourreau fouiller fouillant fagot fagotage fat fatal
faut fauteuil faufil faufilage fausse faussaire fard farfadet
fade fadasse fait faite faire faillite faillir faisiez faim

utilitaire utopie utopique ukase ultra usurper usuraire usage

rural ruisseau rupture rideau riposte remplissage rempailleur
reptile reprise reproduire report reporter repos reparler repas
repassage rage rayez rat ratiez ratissage rate rater ratelage
ratait rajouter radieuse radier radis rade radeau radiateur
radotage raie raide rase rassurer rassasier rasade ramier rame
ramette rameau rampe ramage ramassage rapetisser rapatrier
rappel rappeler rappelle rapport rogatoire roulage roseau

duppe duppeur dressage dragueur draguer drame dramaturge drap
drapier draperie drapeau distrait dissiper dispos dispositif
disposer diplomate des depuis dague daguerre dattier daturas
datif date dartre dard darder dardez dadet dada daim dalle dame
damier dames damoiselle damoiseau damas damasser

ira irrigateur iliaque illustrateur islam islamite isard iota
imitatif imager imagerie images imprimeur imprimer imprimerie
imitatif imager imagerie images imparfait impair impasse

effrayer effraie effarer erratum errata erseau ellipse empire
estuaire estimatif estrade estompe estampe essayage essai est
essayer esprit espalier espale emphase emprise empire empierrer
empereur empester emplette employeur employer empoter emporter
emploi empaumer emparer empaler

ligature lithographie lilas lissage limage limaille liage liard
liassique liasse lettrage lestage leader loyaliste loyalisme
louait latte lattage latitude latomie laurier laurelle laudel
laudes large largeur largesse larmier larme larmoyer lady ladre
ladrerie lai lait laitue laitage laid laide laie lais laise
laisse laisser las lasse lasser lamelle lamproie lampiste lampe

sympathie stylographe stigmate steamer stratus statut stagiaire
surprise surprime surpasser suraigu sural suraque supprime sus

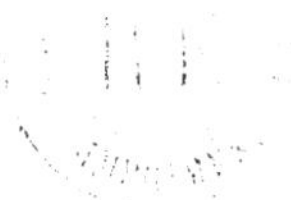

souhaiter soudard siam soulager soustraite soustraire soupape
soupirail soldat solidaire solilage sommaire smalte smalah
sajou saut sauteuse sauter sautoir saurez saurait saule sausse
sarge sarreau saisir salut saisie salue saluer salit sale
saler salle sape salsifis salade saladier salaire samedi sape

outrage outillage outarde ouate ouaille orgeat orthographier
orthographique orthographe orfraie oriflamme ormeau orage
erateur oratoire oral odorat oiseau olographe oseraie ossature.

mythologie mutualiste muraille multiplier multiple mitraille
mousqueterie moraliste morale modelage mollasse magie magistrat
magistrature magistral mage magot matras matelot matelotage
maudire maussade martyr martre martelage marteau martial mardi
maritime marital marie marier mariage mare marelle marmite
marquage maraud maraudage marais marasme mademoiselle mai
maigre maillot mal malheur malheureuse maltraiter malte
malfaiteur malfaire malle maladroit maladie malade malappris
mastiquer masure massue massif masse masseur masser masquer

quiproquo quatuor quatre quatorze quart quartier quarte quartette
quartz quadruple quadri quadrige quadriller quadrillage quadrille
quadrature qualifier quai quasi quasimodo

physique phrase philologie philosophie photographie phosphore
pupille prime pris protester professeur proue prouesse
proroger produit proie prose propre propos pitre pire pirogue
peut perte perfide perdu perdre perdiez perde permis pelle plis
plaquette pour pourquoi poudre poulet poire poirier poids poil
polka poli polie politique politesse pays paysage page patrie
parfum parfaire pari parier paria pare pareil paresse parle
perliez parlez parole parmi paradis parade paralysie parasol
parapet paie paille palette pallium palme palmaire palpe palais

aguets aguerrir agreste agressif agrafe agraire agitateur agir
attitude attirail attiser atterrir atteler attaque atelier
autre autel auteur auto autographe autour autoritaire automate
armure arme armorial armoire armoise armature adjuger adjurer
admettre aigu aiguille aiguilleur aigrir aigre aigrette aigle
astre astrologue asile assure assidu assiette assis asseoir

RECAPITULATION

Faire deux espaces après chaque phrase

le gladiateur est fort et adroit le liquide est fluide le
format du papier est petit elle grelotte de froid et de faim
le drapeau du pays le drap des effets des soldats est dur
il aime faire le quadrille et ses amis aussi le taureau est gras
je majore les traites pour le mois de mai le matelot est de
retour la fillette retire ses frisettes la malheureuse est
morte jeudi apportez le rapport du major le mouleur fait de
jolies statuettes ta fille est malade le marteau de forge est
lourd le tuyau du radiateur fuit le tireur fait des projets
de sortie le mariage du dompteur se fera samedi ou mardi
elle a la grippe et restera au lit tu aimes les dalhias rouges
le fils du magistrat est maussade je suis lasse de tes attrapes
la demoiselle querelle toujours ses amis et ses amies la parure
fais ta toilette pour aller au quadrille il a faim et soif
sois toujours polie et propre graissez partout et tous les
jours le rapport est juste la hauteur et la largeur de la
fromagerie la halte est au hameau il est artiste dramatique
la faillite est fatale pour toute la famille de papa il fut
pris tout de suite le mousse le tapissier ramassa les tapis
et les emporta il a pris du malaga le sage fut diplomate
partez au galop le drapier gaspille du drap le stylographe
imprimez le rapport et foliotez les pages employez les ligatures
pour lier les lattes faites imprimer les statuts le major est
toujours philosophe le professeur est poli et sympathique
le photographe est loyal et familier le guerrier papa fut
autrefois agile et adroit il est agressif et autoritaire
il affirme que tu es professeur de photographie il adjuge tous
les lots de parapluies il pose les appareils automatiques pour
graisser et fileter apportez le rateau pour ratisser les pelouses
disposez les appareils pour que je puisse plisser le papier
le paysage que tu photographies est joli parlez plus haut et
plus fort il parle argot tout le temps le format du papier
le matelot agile a pris le malfaiteur il aspire au repos pour
sommeiller le lampiste apporta le lampadaire tu gaspilles
toujours trop de papier la gaze hydrophile est utile pour les
malades le feuillage du mimosa est petit et joli le marquis
se mariera mardi apporte la marmelade de pommes pour les
fillettes il tape trop fort et froisse toutes les feuilles
de papier le pirate guette presque toujours sur sa pirogue

Sixième Leçon

a	z	e	r	t		y	u	i	o	p
q	s	d	f	g		h	j	k	l	m
			v	b		n				
4	3	2	1	1		1	1	2	3	4

Faire quelques lignes de **v b n,** qui doivent être abaissées : **v** et **b** avec le premier doigt de la main gauche, et **n** avec le premier doigt de la main droite.

Les autres doigts restent toujours légèrement appuyés sur les touches désignées à la première leçon.

vbn vbn vbn vbn vbn vbn vbn vbn vbn vbn vbn vbn vbn vbn vbn vbn
vbn vbn vbn vbn vbn vbn vbn vbn vbn vbn vbn vbn vbn vbn vbn vbn

nbv nbv nbv nbv nbv nbv nbv nbv nbv nbv nbv nbv nbv nbv nbv nbv
nbv nbv nbv nbv nbv nbv nbv nbv nbv nbv nbv nbv nbv nbv nbv nbv

bvn bvn bvn bvn bvn bvn bvn bvn bvn bvn bvn bvn bvn bvn bvn bvn
bvn bvn bvn bvn bvn bvn bvn bvn bvn bvn bvn bvn bvn bvn bvn bvn

EXERCICE

hymen hymne hyperbole hypnose hypnotique hypnotiser hirondelle
historien hibou hindoustanie hiver hivernale hermine herser hors
herbier herbe herboriste hennir horrible horizon homonyme honte
honteuse honore honorable honneur hautain hauban hareng harnais
harmonie harangue haillon haleine habitude habituer havre habit

gymnastique gymnase guano guidon guimbarde grison grenadier
grenaille grenade grenat grever grognard gronder gradin graine
grabat granuler grand grandir grandeur granit granivore gravure
gravir grave gravelle gravats gigantesque girondin gibier gent
germinal gerbe gestion gentil genre gendre gendarmerie gouverner
genet gens gluant globule glaive goujon gonfle gondole gagner

thon tyrolien tyran tyrannie turbulent turbine turbot tubulaire
tube tunnel triennal triomphant triangle tributaire tribun
tribunal tringle tremble trente trou trouble trouver trombe
trahison traitant train transi transiger transit transport tibia
tinte tinter terrine terrain teinture tente tenir tendu tendre

jugeable jurande juin juive julienne jument jupon jubiler jungle
jeton jeune jeuner jeunesse journal jouable joint jointure
jointoyer joindre jongler jonque jovial jaunir jaune jargon
jardin jalon jambe jambon jambage japonais jabot jante javelot

fugitive fuyant fusion frisson friand frein froment fronton
front fronde fraternel framboise frappant frange filon filament
fibrine fibre fin fine final fente ferrugineuse ferblantier
feinte feindre feston festonner fendre flibustier fleuron flan
fleuve flottant florissant flamboyant foudre fourgon fourbir
fournir fournaise fourvoyer fortifiant fortune fortin forain

utilisable utilement urgente uranie urbaine urne ultimatum unie
ustensile usurpation usiner usine usage uni unitaire unifier
uniforme unir unisson union unique univers universel unanime

rhubarbe rutilant rudiment ruine ruineuse ruminant rubrique
rubis ruban rien riant rive rivet river rival regain retenir
rejoindre refend redoubler redonne religion relent relever
relative remblai ressembler ressentir respirable responsable
remuant remonte reprendre repeindre repentir repoussant rebut
rebelle rebours rebondir rebattre rengager rentrer rentier
rentoiler renflouer rendre renier renseigner renom renne renvoi
renvoyer revue revient revendre revoir rogne rayon rationnel

dynastie dynamo durable duvet dragon drain digestion digestive
digne disjoindre dispense diminution diminuer diphtongue dent
diagonal diamant diable divulguer divisible diverse demandant
dedans dent dentiste dentelle devis devers devez devenir double
devoir devant doyen douanier doubler douve dolman domino don
dont donne donner daufin dauphin daumont daigner damner danse

irritent ironie identique isoler immobile imputable impudent
importe imposable impatient imaginaire image imbue illusion ils
illisible inhabitable inhabile ingrat intuition intrus intrigue
introduire intituler intime interner introduire interdire ivre
interligne interne injure injuste infime infuser infini ivoire
infinitif influer indulgent individu initiative inertie invite

effusion effroyable effluve effondrer errements errant estimer
estimable espion emprunt empreinte embryon embrunir embrasure
embellir emboutir embourber embolie embarras embarquer emballer

engrais engin enjeu enjoindre enjamber enfuir enfilade enflure
enfin enfermer enfouir enfant enthousiaste entre entretenir
entreprise entreposer entrevue entier entendu entente entoiler

lugubre lutrin lutin luron luminaire lundi lune lunette ligne
lin lingerie linteau limon livre livret livrer livide lente
lien liseron lion limon limande liaison liane libre librairie
lentille lenteur levure levier lever levant levain logeable
lotion louange louve loin losange lombard long longue longe
laudanum laiton laine lainage laminoir lambris lambin lambeau

syllabe synonyme symphonie symbole sterling station suspendre
surveiller suivre substituer substantif signe signature signal
situation siphon singulier sinistre segment seringue serein
sein selon sembler semblable septin sentir sentier sensitive
sens sensation soutenir sourdre sourdine souligner soulever
souvent souvenir songe sombre sonde son sonore sonne sonnerie

offrande offensive offense ouragan oublier ouvrir ouvrier ou
ouvrable ouvert organique organe ordre ordinaire ordonner orbe
orient orage ornement oignon olive olivier ozone ozoner ombre
ombrage omnibus option opinion opportun objet obliger obstiner
observation obsession on ongle onde ondoyant onze ovation ovale

mutin munition munir mignon million mission minute minuit mine
ministre minium minimum mineur minerai minaret meuble meunier
meeting melon menu menuet mener mouvoir moisson moine moins
moment mobilier mon mongole mont monture montrer monteur monter
montage montant monde monsieur moniteur monotone monnaie
magasin matinal marin marbre maillon main maison maintenir

quintuple quinte quintal quinine quine quinze quinquina quant
question questionnaire quenotte quenelle quotidien quotient
quolibet quarante qualifiable quant quand quotidienne quatrain

phalange phonographe punir punition punaise prune prison priver
printemps privation pression preneur prendre profond prouver
promouvoir probable pronom proviseur proverbe provisoire pion
piano pianiste pin pinson pivot pivoine perron perdition perse
personne pendant penture pente pension penny pluie plomb plante
platine plaintive plaine plan pourvoi pourvoir portion poing

ayant agressive agronome agrandir agenda agiter agonie atome
attention affront affilage autant automne autonome auditive
aube aubaine auvergne auvent argument argent argentin arriver
arsenal arpenter arabe arabie arbre arbitre arbitraire adjudant
addition adossement adopter adonner admirer adverse advenir
admirer ainsi aine alterne alun aluminium aligner allusion
allonger alpin assigner asservir assassin aimer amende amener

byrrh but butte buter butoir buffet burin burette burlesque
bruit bruir brusque brigadier brider bristol brise broderie
bronze bras brasse brandir bienfait bienvenue bille bile billet
billot bis bistre bistouri beffroi beurre beige bel belle bleu
besoin beau beaucoup benne blessure blouse blonde blague
botte bottin bougie bourgeois boutique bourgade bourre bord
boulevard boussole borne boire bossu bonsoir boa bahut base

nymphe nu nutritif nuit nuire nuisible nue nul nulle nuque
nuage ni nid nier niveler niveau ne net nette nettoyer neutre
nerf neuve nervure neige nez neveu noyer noyade nourri nouer
nous nouvelle nouveau notre notion note nota notaire notable
nord normal noise nos nom nominal nombre noblesse nonobstant
non nage natte nature nargue narration narine naturel nation
natal naufrage nain nasal naphte nappe nabot navire nantir

vu vue vulgaire vrille vrai vif vigueur vigne vignette vitrier
vitrail virer virage vif vieil vieillir vil vile ville visite
visse visserie visa visage violent viable viande vibration
vin vingt virer vivre vivant veuf verge verglas vert vertu
verre verdure version vernir verve vedette veiller velours
vengeur vente vent ventre ventouse venu venue vendu vendredi
venir vestiaire vestibule veste vessie voyelle voyage volte

RECAPITULATION

ouvre le soupirail pour voir les vieilles futailles la mitraille
pourrait briser le vitrail le devoir est obligatoire pour le soir
le pliage du journal se fait rapidement et automatiquement je
te vois parfois le soir sur le trottoir prends le bougeoir et
va te voir au miroir il parle de propos diffamatoires la rumeur
publique indique le meurtrier le nageur traversa le fleuve dans
sa plus petite largeur le lutteur a fait preuve de vigueur
les libellules pullulent sur le bord du fleuve il faut gravir
la pente et suivre les sentiers des bergers pendant la bonne
saison nous jouons toujours au ballon dans le terrain de notre
voisine le gouverneur est venu hier pour voir sa garnison
il gonfle son ballon pour aller jouer au football les gendarmes
viennent toujours le matin pour le rapport de leur lieutenant
les fleurs de la gerbe sont jolies et ont un parfum odorant
il honore son professeur de musique ils aiment se trouver
ensemble pour aller en ville les gendarmes ont poursuivi le
fourbe on donne des jouets dans toutes les familles en janvier
il va lire son journal tous les matins dans le square les
jantes de votre automobile sont en bois et les miennes en fer
nous demandons une diminution pour les fournitures employer
toujours du sable fin pour faire le mortier les tapisseries
du salon et du boudoir de madame sont en gros velours vert le
requin et le dauphin sont des poissons de mer les embarras
de voitures ne sont pas rares dans les grandes villes un
enseigne de vaisseau dirige le navire sur lequel nous embarquons
tu aimes les olives noires et les pommes de terre jaunes ta
fille doit apporter un panier de raisins que nous mangerons
ensemble le jeune juif vend son bahut pour un billet de mille
la flottille des torpilleurs a fait merveille dans la rade
essuie la sueur qui ruisselle sur tes joues fuyez le brouhaha
un hiver humide est toujours malsain il a une mauvaise habitude
il est un habile gymnasiarque la grenade est pleine de petite
grenaille le gentilhomme est un honorable historien la gravure
que vous nous apportez est horrible il transmet les ordres
du major la timbale de la fillette est en argent la toison du
mouton est jolie on emploie peu le topinambour dans nos pays
la tzigane joue admirablement bien du violon il est assis
sur le tabouret devant le piano je ne puis entendre les paroles
de la fillette la fugitive est revenue bien vite le ferblantier

a fait fortune rapidement   le fantassin tombe glorieusement
pour le pays   il voudrait unifier toutes les heures de sortie
de ses ouvriers   il est venu en riant vers moi et en me tendant
la main   il rejoint le fantassin et va se battre pour le pays
il fut rendu responsable des querelles des ouvriers   il faut
peindre le tableau du salon   il veut rengager dans les zouaves
relisez toujours vos lettres avant de les donner   toujours relire
votre travail avant de le remettre au professeur ou au patron
allez par des routes diverses   la devanture du bureau de poste
sera repeinte dans trois jours   le domino de la dame est joli
il y a de jolis bois et des vergers superbes dans le domaine
du banquier   le doyen de philosophie viendra samedi ou lundi
je te demande la dentelle que tu avais hier soir   il est
imaginatif et a bien des illusions   la petite italienne est
intelligente   elle regarde les illustrations du livre attentivement
il est dans un grand embarras pour faire enregistrer le bail
invoque au moins un motif valable   les enveloppes sont trop
petites pour mon format de papier   la livraison se fait le lundi
il assure la liaison entre le lieutenant et le sergent   tu as
pris trop de laudanum   le vent fait flamber les lampions que
nous avions mis pour illuminer notre maison   portez dans le
laboratoire le laudanum que le jeune homme vient de livrer
je le somme de se retirer promptement   il fait serment de ne
pas se servir de laudanum sans mon autorisation   il a ouvert le
livre au milieu   le menton du petit lutin est joli   la maison
sera finie dans quelques jours   on ne retrouve pas les autographes
du monarque   il est habile pour faire un monogramme   le travail
manuel est sain et rend les hommes robustes   prends du quinquina
pour manger un peu plus   le fleuriste nous a offert une gerbe
de jolies fleurs   il emploie du mauvais sable pour faire son
mortier   je ne vois plus les tapisseries du salon de mademoiselle

Septième Leçon

a	z	e	r	t		y	u	i	o	p
q	s	d	f	g		h	j	k	l	m
w	x	c	v	b		n		;		
4	3	2	1	1		1	1	2	3	4

Allonger le deuxième doigt gauche pour abaisser la touche **c** et le troisième doigt pour la touche **x.**

Abaisser la touche **;** avec le deuxième doigt droit. Terminer tous les paragraphes par un point-virgule.

EXERCICE

hache hachure hacher hachis harceler haricot harnacher harmonieux
hexagone hexagonale hoche hocher hochet hanche handicap hamac
hallucination hic hideux horticole houilleux horticulture hecto
hiacinthe hygroscope hypocrite hypocrisie hydroscope hospice
houx honteux huche homicide humecter huileux havresac

gyromancien gyroscope gueux gueuse guichet grumeleux grincheux
grisouteux grec grecque gras gracier gracieux graisseux gratifier
gratification graveleux grammaticale graticuler giboyeux gerce
gercer gesticuler gencive glucose glycine glorieux glorification
glacer glace glacial glacier glacis gouache goutteux gauchir
galeux galoche gallicisme garance gascon gasconne gazeux

tubercule tuberculeux turc turco tutrice truc tricher tricolore
tricorne tricot trictrac tricycle triplicata triplicateur trier
trot trocart troche tronc tropical transcrire trac tracer tract
traction traduction tranche transaction transparent travaux
tranchant trajectoire tierce tendance tenace textile texte
tocsin textuelle torchis torches torchon tortueux toscane tact
touche tache tactique taux taxer tabac tanche tangence

jurisconsulte jurisprudence juteux judiciaire juchoir justice
justification jurtificateur jucher judicature juxtaposition
juxtaposer jeux joyaux journaux jonc joncher jonction
jockey jacent jacinthe jacquet jacasserie jacobin jacobus

face facial faction factotum factum facteur facultatif **facturer**
facture factionnaire facilement foule fourchette fourche faut
fauche faucher faucille faux farce farcir farineux fiacre
farouche fascicule fastueux fasciner ferrugineux fiasco fiancer
ficeler fiche fictif ficelle fiction fichu fisc financier fixe
finance fixer fiscal flexible flexion fluctueux flux fluxion
foncier foncer fonction forcer force fortification forclore
forceps fracas fraction franc franche franchise franciser franco
franchir franche frac friction fronce fructifier funiculaire
faisceau faix flanc folliculaire fabricant floriculture

rugueux ruche ruineux rigoureux richesse ricochet rince rincer
ridicule retracer retouche relaxer respect respecter ressource
ressac repic repiquer renoncer rencontre renaissance recenser
reclus reconstruire recors recouvrir recrue recto recteur
rectifier recueillir recette recevoir rechange roux recherche
reconnais recopier record recoudre recoupe recta recueil roc
recul rocaille roche rochet ronce rosace rattacher radical
radicaux rance ramification rapprocher rancune rancunier raccord

duplicata duplice duplicateur ducal ducroire difficile direct
direction directeur directe discorde dix disgracier disgracieux
dislocation dispendieux dissidence dissonance distance distinct
distraction discorde discret disculper discuter discooble
discipline discours dictateur diction dicton dictionnaire diacre
diagnostic diachylon descente descendance dentifrice deux
devancer doucereux douceur doucheur doucement doucher doux
domanial domicile docile dock doctrine docte doctoresse docteur
document dactyle dactylographe dactylotype dactylogie

interstice intendance intercepter intact intellectuel indigent
injonction infini infructueux inflexion influence indice index
indirect indiscret indolence inexact insecte inscrire insoucieux
instance instinctif instruction inspecter instructif immiscer
imperfection implicite impraticable imprudence impatience
imperceptible implacable importance impotence inaccessible
incurie incuber inculte incurable incursion incroyable inciser
incriminer incident incendie incertain incertaine incertitude
incessant incliner inclination incognito incommode incompris

effectuer effectif effervescence effilocher efficace effacer
efforcer embaumer embouchure emboucheir embrocher embrocation
emplacement estomac espace essence escadre escarmouche escarpe
esclandre escabeau escadron escroc escadrille escalope escale
escalade escalier escargot escompte escompter escouade escrime
enfance encan enfoncer endurcir engeance encaisse encart encens

enclos enceindre enclouer encoignure encombrement encourager
encourir enclin enclore enchanter encre encrier extrait extase
extensible extension extra extraire exil exiler existence
existant exigeant exigible exiger exigence exquis expansive
expertise expectative explicatif exploit exploiter exploration
explosif exposition exposant exportation express expression
exprimer expert exaltation exalter excellence excentrique

lynx lucre lucarne lucratif luxueux luxation licencieux licence
limace lice licite liquoreux licol licorne ligneux lecture
lexicologie loxicographie lexique louche local locomobile lac
localiser locomotion locution loquace lacune lacustre lacer
lamineux lancer lancier lance laxatif laborieux larcin lascif

syndic syndicat syndicale syncope synchronisme stock studieux
storax surcharge surchoix surexiter surveillance surface sulfure
sulfureux superficie superficiel suspect supplice susciter
susceptible substance suc succinct succincte succulent succursale
successif successeur sucre sucrerie silencieux silice silence
silex siccatif six sixte semence sentence se second seconde
secouer soyeux soutache source sourcil soucieux souffrance
sociale socialiste socque sociologie sphinx spiritueux spectacle
saccade saccager sachet salamec sarcler sarcasme sarcophage
sauce saucisse saxe saxon sanction schilling schisme schiste
scie sciage science scintiller scel sceller spectre scabreux

office officier officieux oracle orchestre ordonnance orifice
osseux oscillation ostracisme opticien opuscule objectif objecte
obstacle obscurcir obligeance occasion occident occupant occuper
occurence occupation ocre oculiste octobre octroi octogone

mycologie mysticisme municipal muqueux muscade muscle musc
muscat muscule musical microbe microscope mixtion mixte
milice mieux mince mercredi merci mercuriale mercure menace
mouche mouchette mouchoir moustache moucheter moelleux
monarchie monstre monstrueux monceau matricule match matrice
marchand marcher marchander malaxeur malaxer malice massacre
massicot mascotte mastic manufacture manchette manche manchot
manchon macaroni macabre macadam macreuse maculage machine
machinal maxime machiniste macfarlane maxillaire maxima maximum

quadricycle quadruplex qualificatif quelque quelconque queue
quinconce quincailler quinteux quintessence quittance

pharynx pharmacie pharmacien public publique puissance publier
publication puce punch prudence prix principale principaux

principe prescrire prescription probe province providence
provenance provocation protocole proche proscrit prospectus
procureur prochain proclamer procuration productif protection
pronostic projection praticien pincer pinceau perceptible pichet
picoteux pioche perce percer perception percepteur percevoir
percussion percutant perche perdrix perspicace perspective place
pertinence pernicieux pellicule peccadille pectoral placage parc
placer placide placard placable placement planche plaisance
pouce poucette porc porcelaine poreux porche potence ponceau
ponce ponction ponctuel police polychrome paradoxe parcourir

agacer agricole agriculture attacher attraction atroce ajonc
africain affecter affectueux affiche affixe affreux auxiliaire
audacieux audience audace arc arche arceau arcade archet archive
article art artifice artificiel artificieux arsenic arnica
aducteur adduction adjacent adjectif adoucir alcali alcalin
alchamie alcoolisme ascenseur ascension ascendance aspect aspic
asphixie ambiance ambitieux apercevoir appendice apiculture
applicable absence abscisse abdication abondance abricot anchois
ancien annexe anecdote anarchie ancre antichambre anticiper
antifriction avec avance aviculture acte actif active action
acide accessible accidentel actuel actionnaire actuaire acier
accoler accompli accompagner accouder accourir accoutumer accroc
accoustique accrocher accroire accroupi accueil accueillir accru
accuser accusatif accroc accoster accent accepter accessoire

brick brioche broc brocanteur broche bronche bracelet branche
bicyclette bicycle biche berger bercail berceau berceuse bec
besace beaucoup bloc blocus blanc blanche blanchir boycottage
bouche boucherie bouchon boucle bouclier boiseux bocal barricade
bascule bataclan balance balancer balcon banc banco bac baccara
bachelier bacille biscuit bissextile bissac bivouac biceps

nacelle nacre narcotique naissance noce nocif nocive nocturne
nombreux nuance nuageuse nutricier niche nickel nickelage noix
nonchalence nectar novice nourricier nerveux

vacance vacation vaccin vacillant vaciller vache vaporeux vaincre
vaniteux varice vertical vertueux vertigineux vermicide verdict
versicolore venimeux vesce vicieux vicomte vicissitude victime
victoire victuaille victorieux vicinal vice vultueux vulcaniser
viaduc vieux vigoureux vindicatif vocabulaire vocal vocation
vocable voix volcan vol volcanique vrac vitreux vivace

chanvre chandelle change chanfrein chaos chapiteau chapeau
charcutier charge chariot charrue charrette charte chartre chasse

chaton chat chacun chacune chair chaire chaland chambre chamois
champ champion champignon chaud chauffe chauffeur chaume chausse
chemin chemise chenille cheval chevalet chevalier cheveu cheville
chez chien chiffon chiffre chinois chinoiserie chirurgical chic
chloral choux chose chrome chromo chromatique chromologie chute
chronique cycle cygne cylindre cub cuiller cueillir cuivre cuise
craie craindre crainte creux cri cric crier crime crise cristal
critique croc croire cible cicatrice cigare cigogne cil ciment
cinq cire cirage ciseau cisaille ciselure citadelle civil civile
citoyen citation civique ce ceci ceindre ceinture cent centaine
centiare centre centuple cela cellule celui celle cens censure
cependant cercle cerveau cerner certifier claie clair classique
clavier clin climat clinique cliquet clos cloche clore cocon
coche cocarde coda codicille coffre connu cohue coing colle colon
colis colorer collier colonie colonne colossal comme commun
conception concession confus condition conduire confection copie
concours conique conscience conscrit conseil consonne constance
conseiller content contre contingent convaincu converge convexe
cote cotte coton couleur coulisse coup coupole cours course
court courir cab cabane cacao cacaoyer cadenas cadran cadre

RECAPITULATION

le berger est grincheux car une brebis galeuse est venue dans
son troupeau; il est heureux de ne plus avoir de copies
difficiles; ses fonctions de receveur foncier lui asurent une
bonne situation; la floriculture est en honneur chez notre ami;
les jeux de hasard sont interdits dans notre commune et dans
tout le canton; il est difficile de pouvoir diriger efficacement
ces groupements de femmes; je prends volontier un petit verre
de kirsch au repas du midi; le spectateur a eu beaucoup de chance
de pouvoir sortir si rapidement; le patron a fait venir la scierie
pour scier les arbres abattus dans le bois, les scieurs en
feront des traverses pour poser les rails des chemins de fer;
je me suis servi du duplicateur rotatif pour reproduire
le refrain des chasseurs; faisons le sacrifice de notre vie
pour la patrie et combattons vaillament pour que notre pays
soit enfin victorieux; le silence est obligatoire pour assurer
un bon service; il y a soixante seize ans que cette maison
est construite; tous les trottoirs de notre ville sont faits
en macadam; une audition musical est offerte par la musique
du pays pour ses membres honoraires et bienfaiteurs; il est
touchant de voir cette fillette promener avec une grande attention

ses petites cousines; le forgeron tape sur son enclume en acier
pour forger les fers des chevaux de fiacre; nous serons
victorieux contre les boches qui nous cherchent toujours
querelle; le cycliste est audacieux et descend trop rapidement
des pentes vertigineuses; prends le hachoir et fais un peu de
hachis pour ce soir; le haricot est un peu trop cuit; il va
harnacher son cheval pour partir au pays; dans notre exposition
il y a des horticulteurs qui ont soumis des fleurs vraiment
magnifiques au jury; il est revenu avec de graves et glorieuses
blessures; le cidre que tu nous offres est trop gazeux; elle a
de beaux yeux bleus; ce glacier est inaccessible pour nos faibles
jambes; change le ruban bicolore de ta machine; toujours
relire sa copie ou sa traduction avant de la remettre au
professeur ou au patron; place le calendrier dans la salle de
copie; apporte du tabac pour les soldats; les vitraux sont
transparents; les jeux sont interdits dans notre commune; il
donne une justification judicieuse de ses actes; le soldat
monte la faction devant le camp; le filleul de ta cousine est
venu nous voir mercredi soir; les fortifications de cette ville
sont hautes et infranchissables; le fabricant nous refuse sa
collaboration; le recteur est venu voir le fils du receveur des
contributions indirectes; il faut recopier ce travail qui est
trop mal fait; prenez le raccourci pour aller plus vite; faites
des copies au duplicateur rotatif; cette dactylographe travaille
admirablement bien sur sa dactylotype; ce dentifrice est onctueux;
il est venu incognito dans notre ville; la perte que nous
cause cet orage est incalculable; les effectifs des bataillons
de chasseurs sont presque nuls; il nous encourage en nous donnant
une prime exceptionnelle; cette dactylographe est extraordinaire
comme vitesse; ce syndicat a plusieurs succursales en province;
cet officier est venu nous voir officieusement; une malchance
continue le poursuit depuis plusieurs mois; le procureur est
venu proclamer son innocence; la projection des pellicules
est impeccable; il attache une trop grande importance aux
provocations du pharmacien; il faut monter tout doucement;

Huitième Leçon

L'élève doit faire bien attention à l'accentuation qui parfait la présentation de la copie.

Ne pas omettre les accents graves, aigus, circonflexes, etc..., chaque fois qu'ils sont nécessaires. Ne pas taper trop fort sur ces touches qui portent des caractères perforants.

Pour l'accent circonflexe (touche morte), frapper avec le petit doigt **droit** sur la touche spéciale qui ne fait pas avancer le chariot, puis frapper la lettre à accentuer.

Le tréma (les deux points) qui se trouve au-dessus de l'accent circonflexe, se fait en appuyant d'abord sur la touche des majuscules. Ex. : appuyer sur la touche majuscule avec le petit **doit gauche,** frapper avec le petit doigt **droit** sur les deux points lâcher la touche des majuscules et frapper la lettre qui doit avoir les deux points du tréma.

On fait le point d'interrogation **(?)** en appuyant sur la touche majuscule avec le petit doigt **gauche** et en frappant le point d'interrogation avec l'index **droit.**

On emploie le **trait d'union** pour réunir des mots composés, séparer des phrases, et surtout pour couper un mot à la fin de la ligne.

QUATRIEME RANGEE. Lettres accentuées.

```
é   »   '   (   -   è   —   ç   à   )
3   2   1   1   1   1   2   3   4   4
```

EXERCICE SUR LES LETTRES ACCENTUEES.

général généraliser genèse géographe gâchis gâchette gutta-percha
grand'mère grand'tante garde-robe grand'duché grand-livre ;

halluciné haltère hébété hélice hélas hébreux hémisphère hyène
hérédité hésité hère holà hérité hérissé habituez-vous ;

fumé fémur fièrement fève frère forcé félicité familié fané
fécond fédéré fédéral fenêtre féodalité férié férocité flûte
flûtiste forêt franco-belge ;

jaugé j'écris jérémiade joué jointé jonchée jouté juchée juré
judaïque jumelé jugé journée jusqu'à jusqu'où jusqu'ici ;

différence difficulté débuté débouté dès dépôt décamètre déjà
décimètre déférence décapé diplômé désordre déposé dépossédé
déchéance déchiqueté déclassé décoré décavé d'utilité débilité
dirigé décrié dégénéré doigté débridé dièse demi-deuil dit-on ;

sauté santé suicidé sténographié sauvé supérieur soirée soupé
semé sérieux serré sucré souhaité sixième suicidé suscité signalé
secrétaire sablé saboté saigné salpêtre satiété sèche séché
sincère sortilège soupière stère spécial sous-sol sous-officier
spécifié savez-vous spécimen sphère stéarine succès stéarate
semble-t-il steeple-chasse stoïque stratagème suçoir sud-ouest
suédoise supérieur suroît symptôme s'enfuir synthèse;

laçage lâche lacté laïc laïciser laïque laisser-passer lanière
lauréole lavalière légitimé logé là-dessus lui-même lorsqu'elle
lorsqu'un légiste léopard lèpre lèse-majesté liège lièvre
lignée linéaire liséré lumière loup-garou;

quantième quant-à-moi quantité quartier-maître quatre-épice
quatre-vingt quatrième quelqu'un quête quiète queue-de-morue
quinze-vingts quinzième qu'est-ce que qui vive? quote-part
qui va là? qu'aucun qu'il qu'elle qu'y a-t-il?

tout-à-coup tout-à-l'heure trouvé trompé traité trafiqué ténor
ténacité ténébreux troublée tâche taillée taille-plume tchèque
téléga télégraphe téléphone témoin télescope ténacité ténèbre
terre-neuve tête terre-plein trop-plein tire-ligne tête-à-tête
tréma théâtre théologie traîner traîneau treizième trentième
trépassé trésor trésorière trève troïka trois-mâts trône
trouvère truitée tue-tête typhoïde;

radié raffuté rafraîchir râle ramée rançon rêve réaction redû
réalité récréer rédaction réductif référé réforme régal règle
régie règne reître réformée relâche remâcher rémunération rôt
renaître rentrée renversé réorganisé révolté représenté repu
résigné résumé réunir revêtir rinçage risée rôle réhostat
rosâtre rond-point rond-de-cuir;

ubiquité ulcère unité usagé utilité urétérique;

eau-de-vie eau-forte écarté échecs échelle échantillon échaudé
échappée échevin écho entre-deux est-elle arrivée? échope écu
écueil égalité égrené élancé éloignée emboîture émeri émotion
élire élévation encloître entr'aide entraîne entre-ligne étêter
étoile étude étrier exalté exécutif exposé été étoile étude
exténuer extrême extra-parlementaire exubérant;

image immédiat imité impératif imposé imprévu isolé incontesté
intérêt indépendant indéterminé intégralement intempérant
intempérie intercéder intérim intermédiaire intitulé irréfutable
invisibilité irrévocable itinéraire irrétrécissable;

zèbre zébré zélé zénith zéphir zoé;

obéir obésité obsécration océanie occupé oléine oméga onctuosité
onzième opérée opposé outré ordonné ouvrée ostéologie outre-mer
outre-rhin ovoïde oxygéne oxygénifère oxygénation ouvrez-leur ;

abat-jour abîme abnégation académie acariâtre âcre âcré aéré
aéricole aérien aérifère aéromètre aérostier aérostat aéroplane
affecté agaçant affût âge âgé agrégé agrée aï ajouté alcôve
algèbre allège allié allègre almée aloès alvéole arc-en-ciel
arçon azoté aoûtement arrière arsénic aspérité associé atténuée
aujourd'hui aumône au-dessous-de au-deça au-devant avons-nous?

pot-de-vin païen paître pâte panthère pâques parallèle péril
paraître parallélipipède parée parenthèse passe-debout pécule
pédagogie pélican péril planète plèbe portée prêtée porte-parole
porte-plume près préféré précédé préconçu prêtre prud'homme ;

balançoire baromètre basse-cour bâti bègue bémol butée bécane
bas-relief beau-père bénéficiaire bête blème bobèche brésil
bien-être brûlé brunâtre bruyère bûcheron butée brise-glace ;

néant négation négligé négocié nègre nièce noirâtre numéro
n'est-ce pas non-sens non-valeur nouveauté ;

vérité véracité voyagé viré vallée vélin véhémence végété
vélocité vendéen ventrière vérin vertébral vêtir vice-roi voilé
vulnérable vis-à-vis vulnéraire va-et-vient ;

café caféier caïman câline capétien caractère carême cédé
cédille cèdre cédule celui-ci celluloïd célibat cénacle cherté
centimètre chaudière chef-lieu cheminée clayère cloître colère
collègue collège coulé ci-dessus ci-après concentré conféré
coordonné corrélation coupée coûter crâne crédit crémaillère
coffre-fort conférencier ça-et-là c'est-à-dire ;

RÉCAPITULATION

le général recommande que la gâchette du fusil soit huilée ;
l'hélice de l'aéroplane s'est détachée brusquement mais l'avia-
teur a pu faire une descente en vol plané ; la journée a été très
chaude et un orage est à craindre pour la soirée ; il a sauté
du síxième étage et s'est cassée la colonne vertébrale ; le
secrétaire est très sérieux et s'est signalé par sa générosité ;
notre professeur a reçu les palmes académiques pour son dévoue-
ment à la cause sténographique qu'il développe depuis si longtemps
dans notre commune ; le siège de la ville a duré près de deux mois,
et les assiégeants ont dû se retirer ; ma situation n'est pas une

sinécure, car je travaille toujours et m'occupe de plusieurs
sociétés très intéressantes; j'ai été plusieurs années secrétaire
de notre harmonie et j'ai dû quitter cette fonction à la suite
de dissentions entre les membres exécutants; nous avons examiné
le projet de statuts-types des associations professionnelles
dont lecture nous en a été donnée; le siège s'est effondré
sous son énorme poids; mon beau-père et mon beau-frère sont
arrivés ce matin au pays; ce pauvre hère ne ressemble-t-il
pas à un halluciné? grand'mère a l'habitude de n'épargner
personne et lorsqu'il s'agit de l'honneur de notre nom, elle
ne cède pas; le sous-officier blessé a séjourné plusieurs jours
dans le sous-sol pour éviter la brutalité teutone; avec un
laisser-passer vous pourrez facilement vous rendre où vous
désirez; quant à moi, plutôt que de céder, j'aimerais mieux renoncer
à ce projet; en réalité cette réforme renverse tout ce que
nous avions organisé, et nous n'aurons rien de plus; par
l'intermédiaire de l'avocat, j'ai pu obtenir la remise de cette
affaire à huitaine;
il est donné lecture d'un projet de statuts de sociétés dont
le bureau sera exclusivement composé de sténographes munis
d'un diplôme de notre association; ce malheureux s'est suicidé
parce qu'il n'avait pu s'engager dans les chasseurs à pied;
il faut toujours mettre les titres et sous-titres d'un texte
d'une façon bien évidente; savez-vous s'il viendra demain?
le maçon m'apprend qu'il y a eu malfaçon dans cette construction; le téléphone a sonné tout d'un coup et comme on ne
répondait pas j'ai raccroché le récepteur; le percepteur
a pris un précepteur pour son fils; il a un doigté bien rythmé
et ses copies n'ont aucune rature; était-elle arrivée? j'ai
rapporté de belles bruyères de la forêt où nous nous sommes
promenés hier pendant quelques heures; c'est un va-et-vient
continuel que je ne puis tolérer plus longtemps; j'imagine
que vous ferez tout votre possible pour donner satisfaction
à mon beau-père; je l'avais jugé ainsi dès le premier jour
et d'ailleurs sa santé n'a fait que péricliter depuis;
jusqu'à ce que nous obtenions la gratuité, nous serons forcés
d'agir de façon à éviter des complications exagérées;
l'hélice de son avion s'est détachée mais il a pu atterrir en
vol plané dans un champ voisin; le concours de clôture des
épreuves générales aura lieu le mois prochain; les inscriptions
seront reçues jusqu'à la veille du concours; le bureau décide
de faire appel aux membres de notre association n'ayant pas
encore réglé leur cotisation de l'année dernière; les
quittances de l'année en cours seront remises en recouvrement
pour toutes les personnes ayant acquitté leur cotisation de
l'année précédente; il a fait un extrait succinct des procès-
verbaux;

Neuvième Leçon

Pour familiariser l'élève avec les mots longs, nous avons choisi un certain nombre d'entre eux, qui présentent parfois une difficulté de frappe, mais cette difficulté disparaîtra totalement lorsque l'élève aura fait consciencieusement la leçon qui suit. Il ne se trouvera plus surpris, et n'aura aucune hésitation par la suite pour les écrire lorsqu'ils se présenteront dans un texte.

L'élève devra reproduire plusieurs fois les mots qui lui sembleront difficiles, de façon à les frapper correctement et surtout régulièrement, c'est-à-dire sans précipiter les frappes.

Bien remarquer à la page 32, avec quel doigt chaque lettre accentuée doit être abaissée.

Le trait d'union qui se trouve sous le chiffre 6, se fait avec l'index **gauche** lorsque l'on coupe le mot entre deux P. M. N. ou L., c'est-à-dire lorsque c'est la main droite qui frappe ces lettres; avec l'index **droit** si l'on coupe le mot entre deux R. T. F. S. ou C., qui se font avec la main gauche.

C'est le margeur de droite (fin de ligne) qui déclanche la sonnette et avertit que l'on est à la fin de la ligne, il faut donc penser à couper le mot s'il est trop long pour être terminé avec deux ou trois frappes.

Toujours couper les mots juste entre **deux syllabes.**

En général, on ne coupe pas un mot composé de deux syllabes, dont la seconde n'a que deux lettres.
Ex. : **cet-te, bel-le, gran-de, etc.**

On ne coupe pas après une syllabe composée d'une ou deux lettres.
Ex. : **a-venir, ab-sente, etc.**

On ne coupe pas après l'apostrophe.
Ex. : **d'-habitude, c'-est, d'-une,etc.**

Tout en s'attachant à finir la ligne sans trop de blanc, il faut éviter d'aller trop loin, car on risquerait de ne pas pouvoir terminer certaines syllabes longues.

On ne coupe pas le dernier mot d'une page pour reporter la suite du mot à l'autre page, si l'on est surpris, on met la suite du mot au-dessous. Ex. : contri-
[bution.

habilement habillement habituellement harnachement hâtivement
hectogramme hégémonie héliographe héliogravure héréditairement
herborisation hermétiquement héroïquement heurtement hémorragie
heureusement hiérarchie hiéroglyphe honnêtement homologuer
highlanders hippodrome homogénéité honorabilité hostilement
horriblement honteusement honorifique horticulteur hétéroclite
humainement humanitaire humblement huitième hydrographie hydro
hydrothérapie hypothécaire hypothèse hyposulfureux;

gaillardement galanterie galvanisation galvanoplastie gaminerie
gargarisme garnement garroter gastralgie gastronome gauchement
gauchissement gémissant gendarmerie généalogie généralissime
généralement généralisation générateur généreusement genouillère
gentilhomme gentillesse géographie géométrie géométrique gesti-
culateur géranium gladiateur glorieusement gloutonnerie glutineux
gourmandise gouvernail gouvernemental gracieusement graduation
grammairien grammaticale granulation gratification grassement
grasseyement gratuitement grièvement griffonnage grossièrement;

tabellion tablature tabletterie tachygraphie taillanderie
tacitement taciturne télégraphie télégraphiquement téléphonique
témérairement ténébreusement tergiversation terrassement testamentaire textuellement théologie théoriquement thérapeutique
thermomètre timidement tiraillement tonnellerie topographie
torréfaction tortionnaire tortueusement totalement tourbillon
tourmentant tournoiement traditionnel traditionnellement tragi-
quement traîtreusement tranquillement transaction transférément
transformation transfusion transitoire transmissible transmission
transmutation transparence transportable transplantation trans-
portation transpositeur transposition transvasement travestis-
sement treillageur treizièmement trépignement trépidation
tribulation triphtongue tumultueux tuberculeux typographique;

jaillissant jalonnement jalousement journalisme judiciairement
judiciaire judicieuse judicieusement jurassique juridictionnelle
jurisprudence justiciable justifiable justification juxtaposé;

fabrication fâcheusement facilement factionnaire faiblement
faillibilité fainéantise fallacieusement falsificateur fermement
familièrement fascination fastidieusement fastueusement favora-
blement ferrement fumigatore ferrugineux fidéicomis fidèlement
fièrement filigramme filature filtration finalement fixation
fléchissement flétrissement fleurissant floconneux flottaison
flottement fluctuation fonctionnement foncièrement fondamental
fondement forclusion formalisme formation formidablement fortui-
tement fortement fortification foudroyant fourniment fourniture

fourragère fourvoyer fractionnaire fraîchement fragmentaire
frauduleusement frémissement fréquentation fructueusement froide-
ment fromagerie frottement fructifier funérailles furtivement ;

ultérieurement ultimatum ultramontain unanimement uniformément
unipersonnelle uniquement universelle universitaire usuellement
usufruitier usurairement usurpateur usurpation utilement ;

rabaissement raccomodage raccordement raccourcissement raffermissement raffinement rafraîchissant ragaillardir raisonnablement
raisonnement rajeunissement rajustement ralentissement rallon-
gement ramolissant rançonnement rapatriement rapidement rappro-
chement rassemblement ratification rationalisme rationnement
rattraper ravalement ravissement ravitaillement ravitailler
rayonnement réactionnaire réalisation réapparition reboisement
rebondissement récalcitrant récapitulation rechargement recensement récapitulatif réciprocité réclamation recommander récom-
penser réconciliable reconnaître recouvrement récrimination
recrutement rectification recueillement réductibilité réédifica-
tion réexpédition réfléchissement réformateur refoulement règle-
mentaire réglementation respectueusement respectivement respi-
ration responsabilité ressentiment résiliation restaurateur régu-
larisation régulièrement rehaussement réhabilitation réimpression
relativement remerciement rénumérateur renchérissement renonce-
ment renouvelable renseignement réparation répercussion repeuple-
ment reproduction réquisition res reindre rétraction rhétoricien ;

décentralisation déchargement déchiffrement déchirement décidé-
ment décigramme décisivement déclaration déclination décolora-
tion décomposer découragement décroissance dédaigneusement dédom-
magement défavorablement défrichement dégrossissement déhancher
délabrement délayement délicatement délictueux délimitation déli-
vrance déloyalement démantibuler démarcation démesurément démis-
sionnaire démonstration démolisseur dénominateur dénonciation
dénouement départemental dépendance déplorablement déportation
dépréciation dépression déracinement dérangement déréglement
dérivation dernièrement désagrégation désaltérer désappointer
désignation désistement désobéissance désorganisateur despoti-
quement dessinateur destructibilité détournement dialectique
différément difficultueux discernement disproportionné ;

identification idéographique illumination illégalement illégiti-
mement imagination immédiatement immodération imparfaitement
immortaliser impartialement impérativement impatiemment impéné-
trable imperfection imprévoyance improviseur inaccessible inau-
guration incessamment inclusivement incombustibilité incommensu-

rabilité incompatible incompréhensible inconscience inconséquence
inconstitutionnelle incontestable inconvenance inconvénient
indéfinissable indépendamment indestructible indiscrètement
indisposition indiscutable individuellement indubitablement
inflexible ingratitude inintelligiblement ininterrompu injurieuse
inobservation inscription insensibilisateur insidieusement insi-
gnifiance instantanément instinctivement instituteur institut ;

éblouissement ébranlement échantillonner éclaboussement éclaircissement économiquement écouvillonner effectivement effervescence électrisation éligibilité élimination embellissement
embranchement empierrement empoisonnement encombrement encoura-
gement endurcir engourdissement enregistrer ensemencement ensei-
gnement enthousiaste entreprendre énumération envahissement
entrepôt épaississement épanouissement épouvantable équarrisse-
ment équidistante équitablement équivalence estampillage étour-
dissante évanouissement excentrique excessivement exclusivement ;

laboratoire laborieusement laconiquement lamentablement latéra-
lement légalisation légitimement légitime légèrement léthargique
lexicographie libéralement licitement licencieux liquéfaction
liquidation lithographie lithographique littéralement localisa-
tion logiquement longitudinale lotissement loyalement louable ;

saisissement saponification sauvegarder scandaleusement scienti-
fiquement scintillation scorification scrupuleusement secondai-
rement sectionnement séquestration sérieusement silencieusement
simultanéité sincèrement singulièrement soigneusement solidaire-
ment solitaire sollicitation solvabilité sommairement somnambule
soubassement soulèvement soumissionnaire soupçonneux spacieux
spécialement spéculation sphériquement spontanément stationnaire
statistique sténographique sténographie stigmatiser simulation
stoïquement strictement subordination subsidiairement subtilisa-
tion succursale substantiellement successivement succinctement
supplémentaire surexcitation surélévation surnuméraire suspect ;

objectivement obligeamment obliquement oblitération observation
observatoire obstinément occasionnellement offensivement officieusement oisivement oléagineux onctueux ondulatoire opiniâtre
opportunément ordonnancement ordonnateur ordinairement organisa-
tion orgueilleusement originairement originalement originelle
ornementation orthographe orthographique orthographier outrage ;

macadamiser macération machinalement maçonnerie magistralement
majestueuse maladroitement malencontreusement malhonnêtement
malintentionné malproprement manifestation manipulation manuelle

marqueterie massivement matériellement mathématicien mécanique
méconnaissable mécontentement médiocrement méditerranéen mélo-
dieuse mentalement métallisation métallurgique métamorphose
métaphysicien méthodiquement métropolitain mielleux militairement
millionnaire minéralisation ministériellement minutieusement
miraculeusement mnémotechnique mobilisation monosyllabique mor-
cellement mortification mouvementée moyennement municipalité ;

quadragénaire quadrilataire quadrupède qualification quarantaine
quatorzième quinzième questionnaire quintessence quotidienne ;

pacification paisiblement parachèvement parallèlement paraton-
nerre parcimonieusement pareillement paresseusement participation
particularité particulièrement partiellement passementerie passi-
bilité pathétiquement patriotiquement pédestrement péniblement
perfectionnement perfectibilité périodiquement perpendiculaire
perpétuellement persévérance personnellement pétitionnaire pétri-
fication philanthropie photographique photogravure phylloxéra
physiologiste pittoresque placidement plénipotentiaire pneumatique
poétiquement politiquement polytechnie ponctuation ponctuellement
portefeuille possibilité postérieurement positivement préjudice ;

abaissement abondamment abrutissement acceptation accessoire
accidentellement administrateur adoucissement affaiblissement
affirmativement affranchissement agglomération agrandissement
allégorique alphabétiquement amortissement alternativement ambi-
tieusement amélioration amicalement annihilation annuellement
antécédent anticonstitutionnelle anticonstitutionnellement
antinational anticryptosténodactylographiquement antimonarchique
antipathie antithèse appointement appréhension approbation
approfondir approvisionner approximativement arbitrairement
arborescente arboriculture argumentation aristocratique ;

badigeonneur balancement balbutiement banqueroute baraquement
bifurcation bimbeloterie bissextile bizarrement blanchisserie
bombardement bouleversement bourgeonner bourrellerie brutalement ;

nationalement naturalisation naturellement nécessairement néga-
tivement négligemment neutralisation noctambulisme nomenclature
nominalement nominativement nonchalamment normalement notablement ;

vaillamment valeureusement validation vaporisation véhémence
véritablement ventilation vérification verticalement vicissitude
vicieusement vigoureusement vilebrequin vieillissement virtuel-
lement viticulture visiblement vivification vocalisation volati-
lisation volatiliser volontairement volumineux vraisemblable ;

calculateur calomniateur canalisation cantonnement capitulation
capitalisation caractéristique carbonisation cartilagineux
cautionnement charitablement cémentation centralisation certai-
nement cessionnaire chevaleresque chimiquement chirographaire
chlorhydrique chromolithographie chromotypographie chrysanthème
circonférence circonscription circonstanciel circonvenir civili-
sation classification collaborateur collationner collectivement
commissionnaire comparativement comptabilité conductibilité ;

RECAPITULATION

il eut comme un éblouissement lors de l'éboulement de la
carrière ; il se produisit une certaine effervescence lors du
passage de l'enthomologiste ; l'entrepositaire se trouve dans
une position embarrassante ; il demande un éclaircissement sur
l'extraordinaire estimation de son établissement ; il vint
intempestivement proposer l'invalidation de cette interdiction ;
il est invraisemblable que nous ne puissions exclure cet extraordinaire intermédiaire ; l'inobservation de nos indications a
rendu cette phrase incompréhensible et indéchiffrable ; il est
impitoyable et demande l'exécution de ce travail ; il y a relativement peu de retardataires pour le renouvellement des
abonnements ; la décentralisation des services de notre adminis-
tration a amené un décroissement défavorable de nos affaires ;
il y a un raffermissement raisonnable dans les affaires de la
bourse ; la récapitulation du recensement a été faite rapidement
il vint assister familièrement à nos fiançailles ; ce factionnaire
porte la fourragère des héros ; il répondit téléphoniquement à
ma demande traditionnelle de transmission ; il vint apporter au
journaliste l'héliogravure qui sera reproduite en tête du recueil
d'hiéroglyphes ; activez doucement le générateur ; réexpédiez cette
marchandise contre remboursement ; grammaticalement parlant il
faut deux s ; nous verrons ultérieurement à nous occuper de
l'usufruitier lorsque nous aurons textuellement les propos du
testamentaire ;

Dixième Leçon

Etude des lettres **majuscules** et emploi du **point** et de la **virgule.**

Jusqu'ici l'élève ne s'est servi qu'accidentellement de la touche majuscule, pour reproduire le point d'interrogation et le tréma.

La leçon qui suit comporte des mots entiers en majuscules.

L'élève devra donc, lorsqu'il aura un mot entier à frapper, appuyer sur le fixe-majuscule qui se trouve un peu au-dessus de la touche majuscule à gauche, dès que le mot sera terminé, il déclanchera le fixe-majuscule en appuyant sur le bord de la touche majuscule droite ou gauche.

Comme il n'existe pas d'accent sur les lettres majuscules, il faut toujours employer les lettres non acentuées.

Ex. : **NEUVIEME LEÇON   MACHINE A ECRIRE ROYAL.**

Se méfier également de l'apostrophe (**'**). En général, pour les touches représentant deux caractères différents, seul le caractère **du bas se fait en minuscule.** Si l'on a besoin de l'un de ces signes pendant que l'on écrit en majuscules, il faut revenir en minuscule, pour en obtenir l'impression.

La Machine à Ecrire **ROYAL** du type « **classique** » a 4 rangées de frappes en minuscules, ou 42 touches et autant en majuscules, soit **84 caractères.**

Après chaque mot, et pour tous les exercices suivants, appuyer le premier doigt sur la touche « **,** » (**virgule**) et terminer tous les paragraphes par un **point.** «**.**».

Pour faire le point, il faut abaisser la touche gauche des majuscules et la maintenir abaissée avec le petit doigt **gauche** pendant que le **deuxième** doigt de la main **droite** frappe le point. Ces deux frappes étant très perforantes, les frapper légèrement.

Avant de commencer chaque paragraphe de la leçon ci-après et pour toutes les autres, toujours faire un alinéa normal de **cinq espaces.** Ces cinq espaces se font en tapant régulièrement avec le pouce de chaque main. On commence par le pouce droit pour finir par le pouce droit.

EXERCICE

Hachette, Haïti, Hanoï, Harcourt, Harfleur, Hauteville, Havre, Hayes, Hébrides, Hélène, Henri, Hercule, Hérodiade, Hoche, Hippolyte, Hollande, Honfleur, Houdan, Humbert, Hyères.

Gabon, Galles, Galliffet, Gambetta, Gard, Garibaldi,
Garnier, Garonne, Gascogne, Gâtinais, Gaule, Gauthier, Gay-
Lussac, Gênes, Georges, Gers, Gironde, Gisèle, Givors, Gounod,
Gonzague, Gouvion-Saint-Cyr, Gramme, Grammont, Grande-Bretagne.

Jacob, Jacques-Bonhomme, Jamaïque, Jarnac, Jean, Jeanne-
d'Arc, Jersey, Jocelyn, Joconde, Joubert, Jourdan, Juan-les-
Pins, Juin, Jura, Juillet, Jussieu.

Fabre-d'Eglantine, Farnèse, Faust, Félix-Faure, Feino,
Finlande, Finistère, Flandre, Fleury, Flore, Foix, Fougères,
Fontainebleau, Forges-les-Eaux, Fouquet-Tinville, Fourcroy.

Daguerre, Dahomey, Daumesnil, David, Danemarck, Delorme,
Denain, Déroulède, Descartes, Desmoulin, Dickens, Desaix,
Diderot, Dijon, Dombales, Dordogne, Doubs, Dreux, Drouot,
Duguay-Trouin, Dumas, Dupleix, Dun-sur-Marne, Dupetit-Thouars.

Labadie, Lacépède, Lachaise, La Fayette, Lahors, Lancelot,
Lamartine, Landes, Langres, Lannes, La Palice, La Valette,
La Rochefoucault, Lavisse, Lemaître, Lenôtre, Léon, Léopold,
Lesseps, Levallois-Perret, Liban, Libye, Liége, Limoges, Loire.

Sahara, Saïgon, Salomé, Sambre-et-Meuse, San-Francisco,
Santiago, Saône-et-Loire, Sarthe, Savoie, Saxe, Sceaux,
Sébastien, Sedan, Ségur, Seine, Seine-et-Oise, Sens, Sèvres,
Sévigné, Shakspeare, Sibérie, Sicile, Sigismond, Socrate.

Mac-Mahon, Madagascar, Madeleine, Magenta, Malaga, Marthe,
Malines, Mandchourie, Mansard, Manuel, Marbeuf, Marguerite,
Marie, Marines, Maroc, Marquise, Marseille, Martinique, Maure,
Mathilde, Maurepas, Mayence, Médicis, Mazagran, Milan.

Quatremère, Québec, Quercy, Quentin, Quiberon, Quimper,
Quilleboeuf, Quimperlé, Quinet, Quinze-Vingts.

Yonne, York, Yser, Yves, Ypres, Yssingeaux.

Tage, Taïti, Taitbout, Taine, Tananarive, Tanger, Tarascon,
Tarn-et-Garonne, Territoire-de-Belfort, Texas, Thomas, Thiers,
Tien-Tsin, Tivoli, Tizi-Ouzou, Tonkin, Trouville, Trentin.

Ulm, Ulysse, United-States-América, Uranie, Uriage, Ursule,
Uzès, Uruguay.

Rachel, Rabelais, Racine, Rambervillers, Rambouillet,
Ranavalo, Rapp, Raspail, Ravenne, Raymond, Reims, Rémy, Rueil,
Renan, Rhin, Rhône, Richard, Richelieu, Rivoli, Rio-de-Janeiro,
Roanne, Romagne, Rome, Romulus, Roquefort, Roubaix, Rouen.

Iberies, Iéna, Ile-de-France, Ille-et-Vilaine, Indes, Indo-Chine, Indre, Ingres, Isabelle, Isère, Isly, Ixelles, Isolla-Bella, Italie, Ivry-la-Bataille.

Ecosse, Edouard, Egypte, Elbeuf, Emilie, Empire-d'Orient, Emile, Engadine, Eole, Epernay, Epinay, Ecouen, Equateur, Ernest, Esope, Espagne, Essonne, Est, Esther, Etats-Unis, Etna, Etienne, Eure, Europe, Euterpe, Eutrope, Evian-les-Bains.

Océan, Océanie, Odessa, Oise, Oléron, Olga, Olivier, Oran, Olivet, Orange, Orient, Orléans, Orphée, Oscar, Othon, Otello, Osiris, Ouessant, Ouest, Ourcq.

Zacharie, Zanzibar, Zélande, Zénon, Zurich, Zola, Zimmermann.

Pacifique, Passy-sur-Eure, Palais-Royal, Palestine, Panama, Pandore, Panthéon, Pantin, Papin, Paraguay, Paris, Pascal, Pau, Pas-de-Calais, Pasquier, Passy, Patay, Pentièvre, Pérou, Perse, Périgueux, Philadelphie, Philippe, Picardie, Pichegru, Pilon, Poitiers, Pompéi, Port-Saïd, Pont-à-Mousson, Portugal.

Abbeville, Abd-el-Kader, Abel, Aboukir, Azor, Aire, Achille, Adam, Adélaïde, Adolphe, Adrien, Afrique, Agen, Agnès, Ain, Aube, Aisne, Aix-les-Bains, Albert, Albi, Alceste, Alcide, Alençon, Alésia, Algérie, Alhambra, Aligre, Allier, Alpes, Alsace, Amboise, Amérique, Amiens, Ampère, Angers, Angoulème, Antibes, Antilles.

Babel, Babylone, Baccarat, Bade, Bagdad, Barbès, Blois, Bagnères-de-Bigorre, Balkans, Baltique, Balzac, Barbier, Bara, Barcelone, Bar-le-Duc, Beaume-les-Dames, Bayard, Béarn, Berry, Belgique, Beaumarchais, Belgrade, Belle-Isle-en-Terre, Bilbao, Béranger, Béziers, Berteaux, Blida, Boileau, Boissy-Saint-Léger.

Val-de-Grâce, Valence, Valentin, Valmy, Valois, Vannes, Vanves, Var, Varenne-en-Argonne, Varsovie, Vauban, Vaucluse, Vaugirard, Vauquois, Vence, Vendôme, Vendée, Venise, Vénus, Vercingétorix, Verdi, Vernon, Vernet, Versailles, Vésinet.

Nabuchodonosor, Namur, Nancy, Nansen, Naples, Napoléon, Nassaut, Navarre, Necker, Nemours, Nérac, Néron, Néva, Nice, Neufchateau, Nevers, Nicolas, Nièvre, Nîmes, Nisard, Ney, New-York, Niagara, Noisy-le-Sec, Nord, Normandie, Norvège.

Caen, Caïffa, Calcutta, Calais, Californie, Calvados, Calvin, Cambronne, Camille, Cardiff, Carnot, Carteret, Calvin, Cantal, Carcassonne, Casimir-Perier, Castelnaudary, César, Castiglione, Caucase, Cazaubon, Cévennes, Châlons-sur-Marne, Chamonix, Champagne, Chanzy, Champigny, Charente, Chartres.

Xaintrailles, Xentes, Xavier, Xénophon, Xérès.

Wagram, Waldeck-Rousseau, Wallace, Washington, Weber,
Waterloo, Watteau, Wellington, Werther, Westminster, Wilhem,
Winchester, Witt, Windsor, Wolf.

RECAPITULATION

HUGO-Victor, né à Besançon, passa sa jeunesse en Italie,
et en Espagne, puis à Paris. Victor-HUGO a son tombeau au
Panthéon. Parmi ses poésies célèbres, il faut citer: Odes et
Ballades, les Orientales, Feuilles-d'Automne, etc...

GALILEE, illustre mathématicien né à Paris, a inventé le
thermomètre et la balance hydrostatique. GALLIFFET, né à Paris,
comme général, il se distingua à la journée de Sedan à la tête
des chasseurs d'Afrique. GAMBETTA, né à Cahors, homme politique
membre du Gouvernement de la Défense Nationale. GARIBALDI,
patriote italien, né à Nice. Jean GOUJON, né à Paris, célèbre
sculpteur et architecte de la Renaissance.

DENFERT-ROCHEREAU (Pierre-Marie-Philippe-Aristide)
né à Saint-Maixent (Deux-Sèvres) il se distingua au siège
de Rome, à l'assaut de Malakoff et en Algérie. Colonel et
gouverneur de la place de Belfort, où il s'illustra par la
défense énergique de cette place. Deux statues lui ont été
élevées, l'une à Montbéliard, l'autre à Saint-Maixent.
LA FAYETTE, maréchal de France, compagnon d'armes de Jeanne
d'ARC. LEDRU-ROLLIN né à Paris, un des promoteurs du suffrage
universel. LILLE, chef-lieu du département du Nord sur la Deule.

LONDRES, capitale de l'Angleterre, sur la Tamise. Ville
la plus grande et la plus peuplée de l'Europe. Palais du
LUXEMBOURG, construit à Paris pour Marie de Médicis, sous la
direction de Debrosse. Ce palais est occupé aujourd'hui par
le Sénat.

MADAGASCAR, grande île de la mer des Indes. MARIE-STUART,
née à Linlithogw, reine d'Ecosse puis reine de France, elle
revint en Ecosse, puis s'enfuit enAngleterre où Elisabeth
la fit exécuter. MASSENA, né à Nice, maréchal de France, il
s'illustra à Zurich, au siège de Gênes, à Essling et à Wagram.

NAMUR, ville de la Belgique au confluent de la Meuse et de
la Sambre. NANCY, ancienne capitale de la Lorraine, chef-lieu
du département de la Meurthe-et-Moselle. NAPOLEON, né à Ajaccio
premier consul, puis consul à vie, se fit couronner empereur
sous le nom de Napoléon premier. NELSON, amiral anglais, qui
gagna la bataille d'Aboukir et celle de Trafalgar où il fut tué.

Onzième Leçon

Les chiffres sont indiqués sur le clavier de **2** à **9.** Le **zéro** se fait avec « **O** » majuscule et le **un** avec « **i** » majuscule.

Dans un texte on peut faire le chffre **un** avec « **I** » minuscule, mais lorsque ce chiffre est suivi ou précédé d'autres chiffres, il faut le faire avec « **i** » majuscule. Les chiffres romains se font avec les lettres **X V I, majuscules.**

Quand on met des chiffres les uns au-dessous des autres, c'est-à-dire lorsque les quantités ne sont pas répétées chaque fois, celles-ci sont remplacées par un point s'il s'agit de nombres entiers et par une virgule s'il y a des nombres décimaux.

Voir des exemples page 51.

Pour plus de précision, on met un **point** entre les centaines.

Ex. : **234.968** Fr. **4.675** tonnes de charbon.

Le mètre linéaire s'indique avec un « **m** » ; le mètre carré avec « **mq** », ou « **m2** » ; le mètre cube « **mc** » ou « **m3** » ; kilomètres « **km.** » ; centimètres « **c/m** » ; millimètres « **m/m** ».

La machine à écrire **ROYAL** possède un **TABULATEUR** ou sélecteur de colonnes. Ce dispositif permet une fois les butoirs placés aux divisions voulues, de s'arrêter aux endroits précis pour faire des colonnes, des factures, des tableaux, etc., etc.

Quand on n'a que quelques chiffres à mettre les uns au-dessous des autres, il n'est pas nécessaire de se servir du tabulateur, il suffit d'arrêter chaque fois son chariot à une divison en prenant comme base 50, 60 ou 70, ou bien 55, 65, etc...

Emploi du signe &

On se sert du signe **&** (et contracté) pour les départements dont on ne met que les premières initiales, pour les titres de Société et réunir des nombres, c'est-à-dire lorsqu'on est en majuscule.

Ex. : **S. & O.;   S. & L.;   MERLIN & C**ᵢᵉ**;   234 & 235.**

Emploi du signe °

Le petit °, dernière touche à droite, sert à indiquer les degrés, pour abrévier folio, ou l'énumération premièrement, deuxièmement, etc...

Ex. : Dix degrés; **10°**.

Premièrement : **I°**. Quatrièmement : **4°**.

Folio **4. : F° 4.**

Le signe % est l'abréviation de **POUR CENT.**

Le trait oblique « / » sert pour les fractions : **1/2, 1/3,** etc...

Le signe § est l'abréviation du mot **paragraphe,** on s'en sert dans un texte pour rappeler un paragraphe déjà écrit.

Ex. : Voir § **3.**

LES TITRES

Pour la beauté et le coup d'œil de la copie, il est nécessaire que les titres et sous-titres soient mis bien au milieu du texte écrit.

La Machine à Ecrire **ROYAL,** comporte **90 divisions,** mais pour trouver le milieu d'un texte écrit, il faut d'abord enlever le nombre de divisions de la marge.

D'ailleurs le barème ci-après simplifie beaucoup les recherches et rendra de grands services.

BARÈME POUR DISPOSER DES TITRES

Un titre qui comporte moins de 20 frappes, se fait avec un espace entre chaque lettre, et 3 entre chaque mot.

Ex. : **N E U V I E M E   L E C O N.**

Pour savoir combien de frappes comportent les titres et sous-titres, il suffit de les écrire sur une feuille quelconque, en partant de la marge, et de noter la division où l'on s'arrête pour chaque titre en déduisant les divisions de la marge.

Pour un chariot comportant 90 divisions.

Nombre de touches pour le TITRE	marge à 10	marge à 15	marge à 20	marge à 25	marge à 30
8	45	47	50	52	55
10	44	46	49	51	54
12	43	45	48	50	53
14	42	44	47	49	52
16	41	43	46	48	51
18	40	42	45	47	50
20	39	41	44	46	49
22	38	40	43	45	48
24	37	39	42	44	47
26	36	38	41	43	46
28	35	37	40	42	45
30	34	36	39	41	44
32	33	35	38	40	43
34	32	34	37	39	42
36	31	33	36	38	41
38	30	32	35	37	40
40	29	31	34	36	39
42	28	30	33	35	38
44	27	29	32	34	37
46	26	28	31	33	
48	25	27	30	32	
50	24	26	29		
52	23	25	28		
54	22	24			
56	21	23			
58	20				
60	19				

RELATIONS COMMERCIALES

AVEC LES PRINCIPAUX PAYS ÉTRANGERS

(Commerce Général)

Importations.

L'Angleterre tient de beaucoup le premier rang, quant au poids des marchandises importées à Marseille, qui s'est élevé l'an dernier pour cette provenance à 1.656.839 tonnes. Ce chiffre est inférieur de 200.483 tonnes à celui de l'année précédente, car nous n'avons reçu l'an dernier de Grande-Bretagne que 1.590.012 tonnes de houille contre 1.784.741 tonnes en 1913. En dehors du charbon, l'importation d'origine britannique comprend surtout des métaux et ouvrages en métaux (14.106 tonnes), du goudron minéral, des bitumes et asphaltes (13.496 tonnes), des sucreries et denrées coloniales (7.752 t.), des viandes fraîches et conservées, et des graisses animales (7.468 t.), des produits chimiques (4.143 t.), des huiles de palme et de coton (3.183 t.), des tissus (2.255 t.), etc...

Les Indes anglaises montent du troisième au second rang de nos fournisseurs. Mais le total de leurs envois à Marseille qui avait passé de 225.000 tonnes en 1908 à 392.000 tonnes en 1911, à 404.876 tonnes en 1912 et à 463.224 tonnes en 1913 est tombé à 395.165 tonnes en 1914. Dans ce dernier chiffre les graines et les huiles oléagineuses figurent pour 272.890 tonnes (dont 190.622 tonnes d'arachides). Le blé pour 30.481 tonnes, le coton pour 16.586 tonnes, les pois pointus pour 15.074 tonnes, le riz pour 9.953 tonnes, les os et sabots pour 9.310 tonnes, le jute pour 9.264 tonnes, les minerais pour 5.228 tonnes, les peaux brutes pour 4.792 tonnes, les laines pour 4.484 tonnes. Les sacs de jute importés pleins (déduction faite du poids du contenu) pour 2.980 tonnes, le café pour 1.738 tonnes, l'étain pour 1.704 tonnes, les fibres de coco pour 1.438 tonnes, et le cachou en masse pour 1.405 tonnes.

Par rapport à l'année précédente, il n'y a progrès que de 25.069 tonnes sur les graines oléagineuses, de 8.278 tonnes sur le coton, de 3.801 tonnes sur les os et les sabots, de 2.647 tonnes sur les laines, de 307 tonnes sur le café. Par contre, il y a diminution sur le blé (-64.209 tonnes), sur les pois pointus (-19.446 tonnes), sur le riz (-318 tonnes), sur le jute (-4.645 tonnes), sur les minerais (-318 tonnes), sur les peaux brutes (-797 tonnes), sur les sacs de jute

(-474 tonnes), sur l'étain (-524 tonnes), sur les fibres de coco
(-1.032 tonnes), sur le cachou en masse (-1.030 tonnes).

Les engrais organiques figurent l'an dernier pour 572 tonnes
seulement contre 6.984 tonnes en 1913; le tabac pour 248 tonnes
contre 1.685 tonnes.

	Dunkerque	Rouen	Le Havre	Bordeaux
Nombre de navires. .	3.370	7.667	12.356	3.570
Jauge nette.	1.932.275	4.882.828	9.223.381	4.915.570
Tonnag. march. . . .	2.461.956	5.067.081	3.173.586	4.269.153
Passagers			131.446	38.223

Nous croyons intéressant d'ajouter à cette liste le port
d'Alger qui, bien que n'appartenant pas à la France continentale
entretient avec Marseille des relations trop suivies pour que
nous le passions sous silence. Voici donc quel a été le mouvement d'Alger en 1914.

	Entrées	Sorties	Totaux
Nombre de navires. . . .	5.517	5.530	10.347
Jauge nette.	6.960.076	6.096.454	13.929.330
Tonnage march.	1.304.839	1.549.283	2.854.121
Passagers			162.761

(Sur ce dernier chiffre de 162.761 passagers arrivés ou
partis, 141.389 ont voyagé sur des navires français, et 21.372
sur des navires étrangers.)

Il résulte des statistiques ci-dessus, comparées avec celles
de l'année précédente, qu'en 1914, les pertes subies par les
principaux ports français, au point de vue tonnage en marchandises
(entrées et sorties réunies) s'échelonnent comme suit, par ordre
décroissant d'importance proportionnelle.

Ports	Tonnes métriques	0/0
Dunkerque	1.122.188	31
Marseille . . . . : . .	1.619.555	18
Le Havre.	444.562	12
Rouen	641.819	11
Bordeaux	295.133	6, 1/2

Pour Alger la perte est de 628.041 tonnes (20 0/0)

Parallèle entre Marseille et Gênes.

La progression des deux ports au cours des cinq dernières années a été la suivante:

Tonneaux de jauge nette

	Marseille	Gênes
1910.	18.929.000	15.050.000
1911.	19.633.000	14.838.000
1912.	19.331.000	14.210.000
1913.	21.090.820	14.343.319
1914.	17.954.907	13.333.502

Tonnes de marchandises embarquées et débarquées ;

	Marseille	Gênes
1910.	7.641.000	7.030.000
1911.	8.176.000	7.149.000
1912.	8.319.000	7.369.000
1913.	8.938.652	7.418.673
1914.	7.319.097	7.016.542

Ce n'est pas une année qui a présenté des événements d'un caractère aussi exceptionnel et aussi grave qu'on peut établir des comparaisons. Bornons-nous à constater que, malgré ces événements, Marseille conserve une supériorité appréciable quant au mouvement de la navigation, et que son trafic marchandises maintient un écart qui dépasse encore celui de 1909.

Quelques phrases courantes :

Nous avons bien reçu votre lettre du 15 Ct et vous en remercions.

Nous vous accusons réception de votre honorée du 20 Ct dont bonne note est prise.

Tout dévoué à vos ordres, veuillez croire, Monsieur, à nos sentiments très distingués.

Recevez, Messieurs, nos salutations bien sincères.

EXTRAIT D'UN MEMOIRE D'ELECTRICITE.

Pour faire cette page, il suffit de mettre les butoirs du tabulaire aux divisions suivantes :

Marge .... à 10
Colonne indiquant la quantité à 50
le prix de l'unité............ à 58
le total .... à 65
et la colonne intermédiaire.. à 40

F° 13

Porte de service.
Réparation d'un fil coupé.
Bouton sonnerie, déposé, visité,
nettoyé, réglé et reposé   1   0,86
Fil déposé hors service 1.00 x 2   2.00   0,05   0,10
Ligatures s/fil gutta
Fil gutta et coton
en ligatures   0,15
                                           1.00
au bouton   0,15

                                           1,30 x 2   2,60   0,33   0,86

Pour rééquipement et réfection
de 18 lampes portatives
Lampes déposées, reposées   18   0,25   4,50
Douilles —   —   15   0,50   7,50
   —   —   — hors serv.   3   0,25   0,75
Douilles soignées culot isolant   3   1,95   5,85
Câble souple 2 Conduc. 9/10 à
2 couches caoutchouc   25.00   1,15   28,25
Raccord transformation   1   1,60   1,60
Interrupteur de fil souple   3   5.00   15.00
Ligatures 9/10 x 9/10   10   0,91   9,10
Bouchons de prise de courant
démontés et remontés   18   1,05   18,90
Lampes à fil métall. 25/110   11   1,75   19,25

                                                                     112,52

Douzième Leçon

Dans un texte, quand on se sert de la **parenthèse, des guillemets** ou du **trait d'union** pour enclaver une phrase, il faut toujours laisser l'espace ordinaire entre le dernier mot et le signe **parenthèse, guillemets** ou **trait d'union,** et écrire immédiatement le mot suivant. En terminant cette phrase ne pas faire d'espace, mais le signe **parenthèse, guillemets** ou **trait d'union** et faire un espace après comme habituellement.

Il est souvent utile, pour faire ressortir certains mots ou phrases, **de les souligner.** On se sert alors du trait placé sous le chiffre « 8 » et qui fait un **trait continu** sans avoir à faire l'interligne. On revient simplement en arrière et l'on frappe légèrement sur ce signe autant de fois **qu'il** est nécessaire pour souligner le mot ou la phrase.

Dans un texte, on peut avoir un ou plusieurs renvois, pour donner une explication, dans ce cas on les indique par des lettres ou chiffres mis entre parenthèse **(A), (1), (2),** etc..., et ces lettres ou chiffres sont reproduits au bas de la page, après avoir séparé le texte même par un trait continu.

Il n'y a pas de signe spécial pour faire les lettres « œ » accolées, comme dans « œuvre », on les frappe à la suite l'une de l'autre. Quelques phrases suffiront pour faire comprendre cette combinaison.

Pour reproduire des mots abrégés conventionnellement et donner un peu de cachet au travail, ramener légèrement en arrière le cylindre en le maintenant et frapper les lettres dont on a besoin, ce qui avec un peu de pratique donne : **B^{en}, Cie, S^{te},** etc... c'est-à-dire qu'en ramenant le cylindre légèrement, on écrit un peu au-dessus de la ligne d'impression.

CORRECTIONS

Pour gratter une lettre ou un mot, **déplacez** le chariot à gauche ou à droite du point d'impression, afin que les déchets du grattage tombent **en dehors** du mécanisme.

```
La main-d'oeuvre de ce travail a été bien conduite et l'on
pourrait presque dire que le résultat est un chef-d'oeuvre. Les
oeils de perdrix. Les moeurs du pays. Ma soeur sait sa leçon
par coeur. Il a un oeillet à sa boutonnière. Le noeud de cette
cravate est joli. L'oeuf est bien frais. Il a l'oeil très vif.
Le Boeuf traîne allègrement sa charge. On a amené ces matériaux
à pied-d'oeuvre. Le manoeuvre exécute son travail avec habileté.
```

Le crédit d e la France est de premier ordre, et j'imagine
que depuis quelques années (depuis le règne financier de M.
Luzzatti) on peut en dire autant de celui de l'Italie (A).

Les trois étapes de l'apprentissage. (B)

Première Phase.

Dans la première phase, la synthèse de l'opération peut
se décomposer ainsi :
P. Perception auditive. (Oeuvre d'Intelligence).
A. Analyse (la perception synthétique de la sensation
auditive est décomposée en syllabes et en sons élémentaires.)
R. Recherche et choix des signes élémentaires correspondant
à chacun des éléments phoniques (Oeuvre de Mémoire et d'Imagi-
nation représentative).
C. Combinaison des signes suivant les règles du système
(Oeuvre de Mémoire et d'Imagination créatrice).
F. Formation de l'Image visuelle d'ensemble du monogramme.
M. Image motrice entraînant l'exécution.

Deuxième Phase

Après quelques répétitions, les opérations A. R. C. qui
demandent des efforts de raisonnement, de Mémoire, d'Imagination
disparaissent, sans qu'il soit nécessaire de passer par les
chaînons intermédiaires dès que disparaît la sensation auditive.
P. l'image visuelle est évoquée, associée à l'image motrice.

Troisième Phase.

Enfin, dans la troisième phase, la plus parfaite, celle
qui apparaît au bout d'un grand nombre de répétitions, l'Image
visuelle elle-même n'est plus nécessaire, elle a disparu et du
premier élément P. nous passons directement et automatiquement
au dernier M. sans même que la conscience assiste à ce phénomène.

IMPORTANCE PEDAGOGIQUE DE LA LOI DE L'AUTOMATISME.

L'automatisme complet de l'écriture est un idéal qui n'est
jamais totalement réalisé, mais auquel on doit tendre sans cesse.
Plus on en approche, plus la vitesse est grande, et un automatisme
partiel reste toujours une nécessité absolue à quelque degré de
vitesse que l'on veuille arrêter son apprentissage.

(A). — Extrait de l'Exportateur Français. Août 1916. Texte ayant
servi pour le Concours de l'Union des Sociétés de Sténographie.

(B). — Extrait de : Mécanisme psychologique de la Sténographie.
Gammes Sténographiques 1er Volume. J. B. ESTOUP.

Sans automatisme il n'est pas de sténographie possible, à aucun degré.

L'importance de cette loi est capitale, elle doit dominer toute la pédagogie de l'art abréviatif.

Etablir une méthode d'acquisition de la vitesse consistera à peu près exclusivement à déterminer des moyens propres à assurer le plus aisément et le plus vite le passage du conscient dans l'inconscient, l'Automatisme de l'écriture sténographique.

Hélas ! il n'en est rien. Ce travail de «cheval de fiacre» selon l'expression pittoresque de Dickens, n'est pas le monopole d'un système. Ces transes, ces alternatives d'espoir et de découragement d'enthousiasme et de déboires, ces tâtonnements, ces marches et contre-marches, dans la forêt des difficultés, nous tous qui sommes parvenus à apprivoiser l'art sauvage de la sténographie nous les avons connus et il est à présumer que nos successeurs ne les ignoreront pas non plus.

L'élève n'aura qu'une préoccupation. Suivre son dicteur son entraîneur. Il suit sans peine, quelquefois même il a des loisirs, tant que les textes présentent seulement des mots dont les signes lui sont connus. Mais survienne une expression, une locution exigeant une combinaison nouvelle, et imprévue, il en surgit à tout instant, l'élève n'arrête pas la dictée, soit qu'il ne veuille pas perdre l'illusion de la vitesse acquise, soit qu'il croit devoir ménager les nerfs de son dicteur, il ne l'interrompt pas.

Au lieu d'étudier le passage difficile comme la logique du bon sens l'exigerait, il saute par dessus à pieds joints, n'écrivant que ce qui est facile, ce qu'il sait déjà, ne cultivant que les associations déjà formées.

TEXTE DE NOTARIAT

L'an mil nuef cent treize, et le treize Octobre,
Par devant Mᵉ Auguste CHARLET, notaire à Houdouville soussigné

A COMPARU

M. Eugène-Hector Comte HIZET, propriétaire, demeurant à Paris Avenue de l'Opéra 57.

Lequel, pour la conservation de ses droits et de ceux de ses enfants, a dit, déclaré, exposé et fait constater ce qui suit:

1°. — D'un jugement rectificatif du Tribunal Civil de Lyon du Mardi neuf Août mil neuf cent onze, enregistré (et dont une expédition en forme nous a été représentée).

2°. — Des lettres patentes du Roi d'Espagne ALPHONSE XIII en date à Madrid du 15 Avril 1911, confirmant la NOBLESSE ET LES ARMES de Monsieur Philibert, Lucien de QRAUVE, et reconnaissant son droit pour lui et ses descendants des deux sexes au Titre de COMTE, comme Comte et Baron du Saint-Empire Romain, par hérédité de Jeanne Maria d'Hannin, sa Bisaïeule, petite fille de François Marie d'Hannin, Chevalier, Comte de Luxel et de Resnel, Comte et Baron du Saint-Empire. Les dites lettres patentes royales certi-

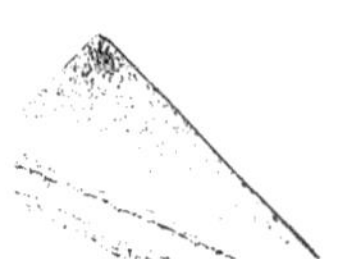

fiées et validées par Don Luis y Carlo, Chroniqueur titulaire de
S. M. Catholique le Roi constitutionnel d'Espagne.

La traduction en forme sur timbre des dites lettres a été
certifiée «ne varietur» conforme à l'original en langue espa-
gnole, par M. Maso, Traducteur Juré près le Tribunal de la Seine
à Paris le 25 Juin 1911. La signature de M. Maso a été légalisée
à Paris par M. Bautil pour empêchement de M. le Président du
Tribunal de première instance de la Seine et celle de M. Bautil
a été légalisée à Paris le 27 Juillet 1911 par délégation du
Garde des Sceaux, par le Chef de Bureau au Ministère de la
Justice, signé: Roussot.

Cette traduction portant cette mention : Enregistré à
Paris, 21° Bureau le 9 Août 1911, N° 1098 reçu trois francs
soixante cinq centimes. (signé illisiblement).

3°. — Et divers autres documents authentiques dont il nous
a été donné connaissance ou communication, ainsi qu'aux témoins
intervenant au présent acte, et ci-après désignés et soussignés.

IL   APPERT :

Notamment des Lettres Patentes du Roi d'Espagne Alphonse
XIII, en date à Madrid du 15 Avril 1911,

Que M. Philibert Lucien de Qrauve, né à Evillos (France)
a fait constater au dit Don Luis y Carlo, Chroniqueur titulaire
de sa Majesté le Roi d'Espagne par des documents dignes de foi,
son origine illustre, ses mérites et distinctions.

Attendu que les Chartes Royales de cette nature sont
admises comme moyen de preuves à la possession d'un Nom et d'un
Titre par les Tribunaux français.

Attendu que les Articles 34 et 37 du Code Civil, énumératif
des énonciations substantielles, que doivent contenir les Actes
de l'Etat civil, n'excluent pas d'autres mentions complétives
telles que : Titres nobiliaires propres à mieux constater l'iden-
tité de ceux qui y sont nommés (Circulaire du Ministre de la
Justice du dix neuf Juin mil huit cent cinquante huit, rapportée
au Bulletin du Ministère de la Justice mil huit cent soixante
et un à mil huit cent soixante deux, page 396. — Circulaire
du Ministre de la Justice, mil huit cent soixante quinze à
mil huit cent soixante seize, page 308.
etc., etc...

Le Comte HIZET a pour blason :

Ecartelé aux 1 et 4 d'or, a deux pals de gueules, alter-
nant avec trois macles de sinople posées deux et une, au chef
triangulaire d'azur, chargé d'un lion d'or, couronné, lui-même
lampassé de gueules, rempant contre une hache d'argent, au
manche allongé, et arrondi de gueules qui est de QRAUVE ancien
aux 2 et 3 vairé d'or et d'azur au chef de gueules chargé d'un
lion léopardé d'argent qui est d'Hannin. 6 timbres. Un casque
taré de profil, surmonté d'une couronne de Comte. —
Cimier : Une macle de sinople entre un vol d'or et de gueules
reposant sur un tortil de Baron. Lambrequins : Aux couleurs
de l'Ecu : Or, Argent, Gueules, Azur et Sinople.

Levallois-Perret le 15 Juin 1916.

Monsieur T O U Z E A U

73 rue St-Germain

à Chatou S & O.

Monsieur,

J'ai l'avantage de vous envoyer ci-joint le catalogue de mes Mototris et je vous annonce que je fais exclusivement le type E qui diffère du type B par les perfectionnements suivants :

1°. — Moteur 5/6 HP avec lequel on monte en grande vitesse les côtes de 9 à 10 0/0 et qui permet de réaliser une moyenne de 45 Km sur route accidentée. Sa souplesse est telle qu'on peut varier la vitesse depuis 8 jusqu'à près de 60 Km à l'heure rien qu'en agissant sur la manette des gaz placée sur le guidon,

2°. — Embrayage sur le moteur par grands cônes métalliques fonctionnant dans l'huile et pratiquement inusables,

3°. — Débrayage au pied permettant de s'arrêter net sans lâcher les mains du guidon,

4°. — Grosse chaîne de voiturette trois fois plus résistante que l'ancienne,

5°. — Remplacement des cônes d'embrayage du moyeu arrière à changement de vitesse qui demandent des soins de réglage par 2 griffes du genre de la prise directe des voitures en acier cémenté et trempé pratiquement inusables et en demandant aucun soin.

J'ai ainsi supprimé tout ennui de toute cause d'usure du moyeu arrière et rendu la machine à l'abri de toute critique et cependant telle qu'elle était elle a donné satisfaction à un millier de clients.

Enfin le siège arrière est posé sur 2 grands ressorts à lames très souples.

Mes délais de livraison actuels sont de 3 semaines environ.

Tout à votre disposition si vous avez besoin de renseignements complémentaires.

Agréez, Monsieur, mes salutations empressées.

signé : Marville.

P. S. — Un de nos représentants se tiendra à votre disposition le jour et à l'heure que vous désirerez pour vous permettre de faire un essai avec la dite MOTO.

SOCIETE ANONYME DES VOITURETTES X...

22 rue du 4-Septembre 22

Tél.: Nord 22-45   Paris le 15 Juin 1914.

Monsieur A. TOUZEAU

73 rue St-Germain

Chatou (S & O)

Monsieur,

Nous avons l'honneur de vous accuser réception de votre estimée du 12 courant et selon votre demande nous vous donnons ci-après les indications concernant nos trois modèles.

1° — VOITURETTE 5 HP. monocylindrique. Cette voiturette est la plus économique qui existe, elle est établie pour transporter 200 Kg. de charge utile à la vitesse moyenne de 40 Km. à l'heure sur toutes les routes, pour une dépense de 5 cent. au kilomètre. Si sa dépense au kilomètre est réduite au minimum, son prix d'achat est également très modeste, l'excellence de sa fabrication sa robustesse lui assurent une longue durée, d'où la possibilité d'amortir le prix d'achat en plusieurs années.

2°. — VOITURETTE 10 HP 4 cylindres. Cette voiture qui comporte 4 places, est également la plus économique qui existe. Elle s'adresse à ceux que leurs affaires obligent à transporter plusieurs personnes ou qui ont un rayon d'action très étendu et ont besoin de se déplacer très rapidement. Sa robustesse, la capacité et le confortable de sa carrosserie et la puissance de son moteur la rendent propre au grand tourisme.

3°. — VOITURETTE 6 HP 4 cylindres. Ce modèle est un type intermédiaire entre les deux précédents. Il est destiné à ceux qui, tout en se contentant de deux places, veulent réaliser une vitesse supérieure à celle que permet le modèle 5 HP. On peut y adapter une carrosserie plus confortable que dans le premier modèle et profiter ainsi des agréments du moteur à 4 cylindres, quitte à payer ces avantages par une consommation légèrement supérieure et par un prix d'achat plus élevé.

Notre représentant se tiendra à votre disposition le jour et à l'heure que vous désirerez pour procéder avec lui à des essais du modèle que vous croyez qui vous conviendrait.

Nous vous prions d'agréer, Monsieur, l'assurance de nos sentiments les plus distingués.

le Sous-Directeur Commercial :

signé : Armand.

Voir barème page 47

DEPARTEMENT DE SEINE ET OISE

Ville de B E Z O N S

C A H I E R D E S C H A R G E S

APPLICABLES AUX TRAVAUX A EXECUTER POUR LA CONSTRUCTION

D'UN GROUPE SCOLAIRE

TITRE PREMIER

A D J U D I C A T I O N

Art. Ier

Les ouvrages de chaque nature seront adjugés au rabais sur soumissions cachetées, dans les formes prescrites au présent cahier des charges

Quelques phrases courantes à répéter souvent pour se délier les doigts.

je veux faire constater ici que je frappe bien avec mes dix doigts.
je veux faire constater ici que je frappe bien avec mes dix doigts.

Nous vous confirmons notre conversation téléphonique d'hier tantôt.

Nous espérons que vous nous réserverez votre prochaine commande à l'exécution de laquelle nos meilleurs soins seront apportés.

TROISIÈME PARTIE

INTERLIGNES

A la machine à écrire **ROYAL,** l'interligne se fait automatiquement en repoussant le chariot vers la droite; il comporte trois variations.

Interligne serré. N° 1, que l'on emploie pour des lettres très longues, mémorandums, rapports, etc... Quand on se sert de l'interligne serré, il faut faire deux interlignes entre chaque paragraphe pour donner un peu de jour au texte. Quand on change de chapitre, faire trois ou quatre interlignes.

Interligne double. N° 2, le plus généralement employé pour les lettres, rapports, circulaires, etc..

Interligne triple. N° 3, employé surtout pour mettre les adresses sur les enveloppes.

Pour varier l'interligne, il suffit de pousser ou d'amener à soi le bouton N° 3, à gauche du cylindre. Les N°ˢ 1,2 et 3 indiquent que l'interligne se fait toutes les lignes, toutes les deux lignes ou toutes les trois lignes.

Pour rendre le cylindre libre, pousser le levier N° 4 à fond et pour que le cylindre obéisse de nouveau au levier d'interligne, ramener ce même levier à sa position normale.

Il existe deux formats courants de papier pour le commerce et les administrations : le format commercial 21×27 et le format ministre 21×31.

ENTETES DE LETTRES

Voici une indication très simple pour disposer le nom, l'adresse, etc..., qui doivent toujours précéder le texte même de la lettre.

Il faut toujours mettre la date du jour avant de faire la lettre, si l'on emploie du papier ne portant pas le nom de la Ville, mettre cette indication avant la date, en commençant à 45 si le nom est court comme : Paris, Nantes, Rouen, Lyon, etc..., à 40 si le nom est long comme : Clermond-Ferrant, Montbéliard.

Laisser six ou huit interlignes entre la date et l'adresse et mettre le nom du destinataire ou la raison sociale à 40; la profession ou qualité à 45; la rue, boulevard, avenue, etc, à 50 et la ville à 55 ou 60. Toujours indiquer le département et s'il s'agit de Paris, l'arrondissement.

On écrit : Seine, Marne, Rhône, en entier, et Bouches-du-Rhône :B.-du-R.; Saône-et-Loire : S.-et-L.; 18ᵉ arrondissement : 18ᵉ.

On laisse quatre interlignes et on commence la lettre.

Il va sans dire que si cette lettre était faite à interligne serré, il y aurait lieu de réduire de moitié les interlignes en blanc entre la date et l'adresse et la ville et Monsieur.

On varie la marge suivant le format du papier, l'emplacement pris par l'impression sur le côté du papier à lettre.

Si, dans le cours d'une lettre, vous indiquez une facture, un catalogue, etc., comme « **inclus** » ou bien « **à envoyer par même courrier** » mettez une annotation spéciale en bas et à gauche de votre lettre et en rouge, si vous avez un ruban bicolore, de façon à attirer l'attention de la personne qui met le courrier sous enveloppe.

Quelques maisons ont adopté des papillons numérotés, que l'on colle dans le bas de la lettre et dont le même numéro est reporté sur les pièces à joindre ou à envoyer.

LETTRES

Beaucoup de maisons préfèrent l'interligne double pour toutes les lettres et lorsque le papier n'est pas épais, on n'écrit que d'un côté, on prend une autre feuille du même format ou du papier spécial, pour continuer la lettre, en ayant soin de mettre 2°, 3° page.

L'alinéa se fait avec un retrait de 5 pour interligne **double** et un **retrait de 10** pour interligne simple, dans les Administrations et les **Ministères, on fait un** alinéa de 10 et interligne double.
Pour que l'alinéa soit régulier, on se sert du premier sélecteur de colonne.
Il ne faut pas terminer la lettre trop au bas de la page, on doit laisser un blanc de 4 à 5 interlignes. S'arranger pour changer de page en laissant une phrase en suspens, ou si l'on a terminé un paragraphe, mettre à 65 le premier mot de la phrase suivante.

Ex. : dans tous les cas, nous attendrons une nouvelle **lettre** de vous.

Avez-vous...

ou encore l'annotation de :

T. s. v. p.

Il ne faut jamais tourner la page pour mettre les salutations, c'est d'un très mauvais effet.
N'hésitez pas à recommencer une lettre qui comporterait trop d'erreurs, au lieu de passer votre temps à gommer, surcharger, car vous perdez plus de temps qu'à la refaire et la présentation est mauvaise.
Appliquez-vous à donner un travail qui ne vous attire aucun reproche, celui-ci n'en sera que plus apprécié par votre Directeur ou Chef de Bureau, et leur considération se traduira naturellement par une augmentation.

ENVELOPPES

Toujours faire l'enveloppe sitôt la lettre terminée, beaucoup de dactylographes font l'enveloppe avant la lettre.
Mettez le plus d'indications possible pour l'adresse, n'attendez pas une observation de votre Directeur ou Chef de Bureau.
Ne touchez pas à vos margeurs ni à vos presses papiers pour faire l'enveloppe, mettez celle-ci soit à droite ou à gauche et laissez environ un tiers de la hauteur et un quart de marge à gauche, pratiquez ensuite comme pour l'adresse sur la lettre.

Quelques maisons se servent d'enveloppes dites « **à fenêtre** » ce qui supprime la confection d'enveloppes et surtout l'erreur de destinataire; mais c'est souvent une difficulté pour le pliage de la lettre pour que l'adresse **apparaisse** bien une fois la lettre mise sous enveloppe.

EMPLOI DU PAPIER CARBONE.

Pour obtenir plusieurs exemplaires d'une lettre ou d'un texte quelconque, on se sert du papier dit « **Carbone** » composé chimiquement et qui permet d'obtenir la reproduction exacte de ce qui est imprimé au moyen du ruban. Ce papier **carbone** à un côté mat et un côté brillant, c'est le côté brillant qu'il faut poser sur la feuille pour reproduire la première page.

Quand on fait quatre ou cinq copies, on déchire, de la largeur d'une pièce de 5 centimes, le coin gauche en haut du **carbone.** Ceci permet, une fois les copies retirées de la machine, de prendre le coin du papier en haut et à gauche et de tirer le **carbone** en bas et à droite, on évite ainsi le froissement du papier **carbone.**

Si par hasard le **carbone** laissait des traces trop apparentes en dehors des frappes, c'est que le **carbone** aurait été froissé; on appelle ces traces « **des fleurs** » dans ce cas il faut enlever la feuille de **carbone** qui laisse ces traces et si les plis sont trop accentués, il faut la mettre de côté pour s'en servir pour un travail peu important.

Au bout de dix, douze ou quinze copies, suivant sa qualité, **on change le** sens du **carbone,** c'est-à-dire que l'on met le bas en haut de façon à utiliser le plus possible de **carbone.**

STENCIL

1° On appelle **Stencil,** un papier spécial qui gardera l'empreinte des caractères et reproduit les dits caractères au moyen d'un appareil spécial appelé **duplicateur** ou **rotatif.**

2° **CLE STENCIL.** — Pour perforer les stencils utilisés avec les duplicateurs, neutralisez l'encrage en poussant la clé stencil (15) à gauche pendant que le levier de blocage des couleurs (16) est poussé tout à fait à droite, indiquant « Stencil ». Ceci est fait d'un seul mouvement, avec le pouce et l'**index,** en ramenant les leviers l'un vers l'autre.

3° Bien nettoyer les caractères, pour qu'ils ne reproduisent pas de traces de ruban sur le **cliché.** Pour bien s'assurer que les caractères sont propres, il est préférable de taper toutes les lettres **minuscules** et **majuscules** sur un papier blanc avant de faire le **cliché.**

DUPLICATEURS.

Il existe plusieurs moyens de reproduire rapidement et instantanément l'écriture à la main ou à la machine. En ce qui concerne le dactylographe, l'appareil **duplicateur à plat** et l'appareil **rotatif** seuls l'intéressent.

Le **duplicateur plat** se divise en appareils portants différents noms composés de « **pâtes** », soit gélatineuse ou ou autres, puis les appareils nécessitant un **cliché** perforé.

Pour les appareils à « **pâtes** » le dactylographe fait l'original directement à la machine avec un ruban neuf copiant ou un ruban **hectographique.** Il est utile d'employer un bon papier pour faire cet **original.**

Une fois l'**original** « **tapé** » on le pose sur la **pâte,** et au bout d'une dizaine de minutes après avoir appuyé doucement et régulièrement sur toute la surface on enlève l'**original,** puis on procède au tirage qui consiste à poser l'une après l'autre une feuille à la place de l'**original** qu'on vient de retirer, on peut obtenir ainsi trente, quarante et même cinquante copies. Il est bon de mettre quelques points de repère pour poser et enlever facilement la copie.

Remarque : Si on n'a pas de ruban **hectographique** ou que l'on ne veuille pas démonter son ruban ordinaire on peut employer du **carbone hecto-**

graphique. Dans ce cas, on prend deux feuilles de papier blanc, avec la feuille de **carbone** la première recevant l'impresion du ruban doit être mince et c'est la seconde feuille sur laquelle le **carbone** a donné la copie que l'on pose sur la **pâte.**

Duplicateur à plat avec cliché stencil.

Le **cliché stencil** est le même pour le **duplicateur à plat** ou **rotatif** ainsi que son mode d'emploi.

Le **stencil** est composé d'une feuille de papier assez fort qui porte sur le **cylindre** de la machine à écrire, du **stencil** lui -même et du papier **baudruche,** le **stencil** se trouve donc entre le papier **baudruche** et le papier fort.

Pour faire un **stencil** il faut observer une frappe régulière, de façon que les lettres soient exactement venues partout. Frappez plus légèrement la lettre **o** et les signes de ponctuation et d'accentuation qui sont très perforants. Une fois le **cliché** terminé et l'appareil prêt à le recevoir, on enlève le papier **baudruche,** on détache le **stencil** en évitant de le froisser (car tout froissement serait reproduit sur la copie) et on le pose dans le cadre spécial supportant le **cliché,** l'encre passant à travers les perforations reproduit les lettres par dessous sur la feuille destinée à recevoir le tirage.

Se méfier de ne pas mettre le **cliché** à l'envers.

A plusieurs **duplicateurs** le châssis se relève automatiquement mais quand on a étudié un **duplicateur à plat,** on peut se servir de tous les autres, le principe restant le même.

Mettre une feuille de **buvard** entre chaque feuille pour éviter les taches même si l'on emploie le papier spécial dit « **duplicateur** » qui sèche très vite.

Pour économiser le **buvard** on peut mettre dos à dos les feuilles de papier et une feuille de **buvard** toutes les deux feuilles de papier. Si l'on emploie le papier ordinaire, il faut attendre quelques heures pour que l'encre ait eu le temps de s'imprégner et de sécher. Avec le papier spécial, il suffit de presser un peu le tout et de retirer les feuilles de **buvard.**

Duplicateur rotatif.

Avec le **duplicateur rotatif** on obtient l'impression en faisant tourner le **cylindre** sur lequel est posé le **cliché,** c'est ce qui permet d'obtenir un plus grand rendement avec plus de précision.

Comme pour les **duplicateurs à plats,** le **cliché** est composé de papier fort, de **stencil** et de papier **baudruche.** On met son appareil au point voulu pour recevoir le **cliché,** puis on enlève le papier **baudruche,** on passe les encoches du papier fort aux emplacements qui leur sont réservés. Le **stencil** vient donc s'appuyer sur le **cylindre.** Toujours se méfier de froisser le **stencil.** En posant le **stencil,** on le fait adhérer sur le **cylindre.**

L'en-tête et la marge se règlent au moyen de vis spéciales à chaque machine, ceci permet de mettre une fois pour toutes le papier au point voulu.

Les **rotatifs** modernes possèdent la prise automatique du papier ainsi que de l'encrage.

Mettre une feuille de **buvard** entre chaque feuille pour éviter les taches, même si l'on emploi le papier spécial dit « **duplicateur** » qui sèche très vite.

QUELQUES EXPLICATIONS COMPLÉMENTAIRES

concernant les indications générales relatives à la machine à écrire ROYAL

INTERLIGNE. (Voir explications de la 14ᵉ leçon.)

RETOUR A LA LIGNE. — La manette servant à ramener le chariot vers la droite, fait en même temps, avancer le papier d'un ou deux interlignes. Il n'y a donc qu'un seul mouvement pour ces deux opérations.

MARGEUR DE GAUCHE. — Commencement de la ligne.

MARGEUR DE DROITE. — Fin de la ligne.

(Voir explications à la 9ᵉ leçon.)

DEBLOCAGE DES MARGES. — Si l'on a besoin d'écrire en retrait de la marge de gauche, on appuie sur la clé de déclanchement, ceci permet de ne pas toucher au margeur.

Margeur de droite. — Quand le chariot est bloqué en fin de ligne, on peut encore frapper une ou deux lettres, en appuyant sur la touche de déclanchement.

DEGAGEMENT DU PAPIER. — Ce levier permet de pouvoir déplacer le papier soit en longueur, pour le reporter à droite ou à gauche, ou en hauteur pour le mettre droit. On s'en sert également pour pouvoir introduire six ou sept feuilles de papier, avec carbone, lorsque le cylindre refuse de les prendre comme une feuille ordinaire.

Chariot libre. — Une touche se trouve à droite et à gauche près des boutons moletés en ébonite afin de pouvoir déplacer le chariot vers la gauche sans avoir à frapper sur la barre d'espacement.

Ruban Bicolore. — Si l'on emploie un ruban **unicolore,** il faut mettre de temps en temps la clé au rouge et au violet, afin d'utiliser le ruban dans toute sa largeur.

Cylindre libre. — En abaissant ce levier, le cylindre n'obéit plus au levier d'interligne, on le met donc à la main à la hauteur voulue. On s'en sert principalement pour mettre la date sur la ligne réservée à cet effet aux en-têtes de lettres ou lorsque l'on emploie du papier réglé, factures, etc...

Butoirs du tabulaire. — La graduation sur la crémaillère (38) du tabulaire à l'arrière de la machine correspond avec les graduations avant (19) et la graduation de la tige de l'anse (34). Pour aligner les chiffres en différentes colonnes, placez les taquets du tabulaire (39) sur la crémaillère, aux nombres où l'on désire faire les colonnes : 30, 45, 60... Appuyez sur la touche tabulaire (12) et tenez-la jusqu'à ce que le chariot s'arrête. Le premier chiffre écrit apparaitra au point indiqué par la position du taquet du tabulaire.

TABLE DES MATIERES.

Imp. M. BLUM et Cie, 6, rue de l'Agent-Bailly, Paris